기신자를 위한 성경공부 교재

B·i·b·l·e·s·t·u·d·y

기신자를 위한

새가족 성경공부

프리셉트성경연구원 편

묵상하는 사람들
프리셉트

기신자를 위한

새가족 성경공부

묵상하는사람들
프리셉트

✚ 일러두기 ✚

본 연구원에서는 교회에 처음 출석한 새가족들을 위하여 네 가지 종류로 성경공부 교재를 발간하게 되었습니다. 일반적으로 지역 교회에 등록하는 분들은 처음 예수님을 믿기 시작한 초신자와 이미 교회 생활을 해 온 기신자로 분류됩니다. 기신자는 복음의 역동성을 누리는 성령 충만한 성도와 형식적 · 율법적 성도로 구분됩니다.

프리셉트성경연구원에서 개발한 새가족 성경공부는 총 4종으로 1권은 기신자를 위하여, 2권은 초신자를 위하여, 3권과 4권은 초신자와 기신자를 모두 아우르는 통합적 과정으로 내용을 심도 있게 편제하여 출간하였습니다.

1권	2권	3권	4권
기신자	초신자	초신자 및 기신자 공용	
기신자를 위한 새가족 성경공부	초신자를 위한 새가족 성경공부	복음에 감격하는 새가족 성경공부 (인도자용 별도)	당신은 구원받으셨습니까? 새가족 나눔 교재

특별히 3권은 초신자와 기신자 모두를 돕기 위해 예수님을 만난 후 경험하는 변화된 삶과 새 생명 안에서 누리는 감격적 축복에 집중하는 과정으로 편집하였습니다. 이로써 초신자는 주님을 만나는 감격을 경험하게 될 것입니다. 기신자 가운데 형식적 · 율법적 성도는 새롭게 복음을 깨우침으로써 은혜

의 삶을 추구하게 되고, 기신자 가운데 성령 충만한 성도는 복음의 역동성을 재발견하게 되어 구원받은 성도의 현주소를 상세히 확인하게 될 것입니다.

본 교재는 교회에 처음 나온 초신자들과 여러 사정으로 새로운 교회를 찾은 기신자들을 위한 새가족 성경공부 교재로서, 초신자들이 성경공부에 대한 부정적인 선입관을 갖지 않도록 비교적 쉽고 단순하게 만들었습니다. 그러나 내용들과 주제들은 깊이가 있기 때문에 견고한 신앙의 기초를 다지게 할 것입니다.

성경공부에 임하기 위해서는 반드시 예습을 해야 하며, 예습 과정에서 귀납적인 연구를 할 수 있도록 배려하였습니다. 그리고 각 과의 마지막은 삶의 적용으로 새가족들이 참여할 수 있도록 하였습니다. 어렵거나 이해가 잘 되지 않는 단어는 부록의 새가족을 위한 용어 사전에서 도움을 받으시기 바랍니다.

본 교재를 통하여 그리스도의 풍성한 사랑과 교제의 기쁨을 누리시기 바랍니다.

프리셉트성경연구원

원장 김경섭 목사

건강한 그리스도인으로 성장하기를 바라면서…

예수님의 이름으로 환영합니다.

새가족 성경공부에 참여해 주셔서 진심으로 감사드립니다. 여러분 중에는 예수님과의 첫 만남을 갖고 저희 교회에서 신앙의 새 출발을 하는 분도 계실 것이고, 신앙생활을 조금 했지만 체계적으로 신앙의 훈련을 받지 못한 분들도 계실 것입니다.

먼저 저희 교회에서 신앙생활을 시작하여 하나님의 자녀로 거듭나 하나님께서 약속하신 영생의 복을 누리는 기쁨에 참여하게 된 것을 진심으로 축하드리며 환영합니다.

그리스도를 믿는 믿음 안에서 바르게 자라 건강한 그리스도인으로 성장하기를 바라면서 여러분의 신앙 성장을 위해 이 과정을 준비했습니다. 열심히 배우고 참여하셔서 성경에서 약속한 복들을 풍성하게 누리는 그리스도인이 되시기 바랍니다.

__________ 교회 __________ 목사 드림

✚ 새가족 영접 기도 ✚

참 사랑의 하나님,

저는 하나님 앞에서 죄인입니다.
이 땅에서 참된 행복과 기쁨 없이 살았습니다.

이런 저를 하나님께서 불러 주시니 진심으로 감사드립니다.
예수님께서 십자가에서 흘리신 피로 저를 깨끗이 씻겨 주십시오.

예수님은 저의 죄를 위해 돌아가셨습니다.
예수님을 통해 하나님께로 갈 수 있게 하시니 감사합니다.

예수님께서 나의 구원자이시며 나의 주인이심을 믿습니다.
이제부터 영원토록 주님만을 모시며 살겠습니다.

성령님의 인도를 따라 하나님의 말씀을 배우며
죄의 성품을 버리고
예수님을 닮아가는 삶을 살게 해 주십시오.

예수님의 이름으로 기도합니다.
아멘.

차례

■ 새가족 성경공부

1과 나를 창조하신 하나님 11

2과 나를 구원하신 예수님 19

3과 내 속에 계시는 성령님 27

4과 삶으로 말하는 그리스도인 37

5과 하나님의 말씀인 성경 53

6과 하나님께 드리는 기도 63

7과 영광스러운 예배 73

8과 진리의 터인 교회 83

※ 부록 1. 인도자 지침서 93

2. 새가족을 위한 용어 사전 96

1과
나를 창조하신 하나님

나는 빛도 짓고 어두움도 창조하며
나는 평안도 짓고 환난도 창조하나니
나는 여호와라 이 모든 일을 행하는 자니라 하였노라(사 45:7)

• 여는 글 •

'나는 어디서부터 왔을까?' '나는 죽으면 어떻게 될까?' '삶이란 무엇일까?' 등의 인간 근본에 관한 질문은 누가 가르쳐 주지 않아도 본능적으로 생각하게 됩니다. 망가진 자동차를 고치기 위해서는 자동차를 만든 사람에게 문의하는 것이 가장 현명하듯이 불완전한 인간의 모든 문제들은 인간을 창조한 하나님 앞으로 나아갈 때 비로소 해결받게 됩니다. 하나님에 대해서 인간이 가져야 할 바른 태도는 그분을 믿는 것입니다. 신앙은 논쟁의 대상이 아니라 믿음의 대상입니다. 그러나 하나님께서는 인간의 이성과 판단으로 하나님을 분명히 알 수 있도록 해 주셨습니다. 이제 하나님께로 가는 길을 찾아보도록 하겠습니다.

★하나님께서 계시다는 것을 어떻게 알 수 있습니까?

다음 성경구절들을 읽고 어떻게 하나님을 알 수 있는지 답해 보십시오. 답하기가 어려우시면 문제 뒤에 굵은 글씨로 인쇄된 정답 예제를 보고 기록하십시오. 그러나 말씀을 직접 보고 스스로 쓰는 훈련을 하시면 더 많은 유익이 있을 것입니다.

1. 하나님께서 계신 것은 ______________________ 알 수 있습니다.

로마서 1:20
20창세로부터 그의 보이지 아니하는 것들 곧 그의 영원하신 능력과 신성이 그 만드신 만물에 분명히 보여 알게 되나니 그러므로 저희가 핑계치 못할지니라

시편 19:1
1하늘이 하나님의 영광을 선포하고 궁창이 그 손으로 하신 일을 나타내는도다

2. 하나님께서 계신 것은 ________________________ 알 수 있습니다.

로마서 2:14-15
14율법 없는 이방인이 본성으로 율법의 일을 행할 때는 이 사람은 율
법이 없어도 자기가 자기에게 율법이 되나니 15이런 이들은 그 양심이
증거가 되어 그 생각들이 서로 혹은 송사하며 혹은 변명하여 그 마음
에 새긴 율법의 행위를 나타내느니라

3. 하나님께서 계신 것은 ________________________ 알 수 있습니다.

마태복음 16:15-16
15가라사대 너희는 나를 누구라 하느냐 16시몬 베드로가 대답하여 가
로되 주는 그리스도시요 살아 계신 하나님의 아들이시니이다

4. 하나님께서 계신 것은 ________________________ 알 수 있습니다.

출애굽기 34:27
27여호와께서 모세에게 이르시되 너는 이 말들을 기록하라 내가 이 말
들의 뜻대로 너와 이스라엘과 언약을 세웠음이니라 하시니라

요한복음 5:39
39너희가 성경에서 영생을 얻는 줄 생각하고 성경을 상고하거니와 이
성경이 곧 내게 대하여 증거하는 것이로다

♣ **하나님께서 계신 것은**
지어진 만물을 보고 알 수 있습니다. 양심을 통해 알 수 있습니다. 신앙 고백을 통해 알 수 있습니다. 성경을 통해 알 수 있습니다.

요약
하나님께서는 여러 가지를 통해서 하나님을 알 수 있도록 하셨습니다. 하지만 자연과 양심을 통해서 하나님을 아는 것은 제한적이며, 완전하게 하나님께로 갈 수 없습니다. 우리는 성경을 통해서 그분을 분명하게 알 수 있습니다. 성경은 하나님께서 자신을 인간에게 나타내 보이신 내용들을 기록한 책입니다. 우리는 성경을 통해서 하나님을 더욱더 명확하고 정확하게 알 수 있습니다.

배운 바를 정리하십시오.

★하나님은 어떤 분이십니까?

다음 성경구절들을 읽고 하나님은 어떤 분이신지 답해 보십시오. 답하기가 어려우시면 문제 뒤에 굵은 글씨로 인쇄된 정답 예제를 보고 기록하십시오. 그러나 말씀을 직접 보고 스스로 쓰는 훈련을 하시면 더 많은 유익이 있을 것입니다.

1. 하나님은 ______________________ 분이십니다.

창세기 1:1

1태초에 하나님이 천지를 창조하시니라

2. 하나님은 ______________________ 분이십니다.

출애굽기 3:14

14하나님이 모세에게 이르시되 나는 스스로 있는 자니라 또 이르시되
너는 이스라엘 자손에게 이같이 이르기를 스스로 있는 자가 나를 너희
에게 보내셨다 하라

시편 90:2

2산이 생기기 전, 땅과 세계도 주께서 조성하시기 전 곧 영원부터 영원
까지 주는 하나님이시니이다

3. 하나님은 ________________ 의 하나님이십니다.

요한복음 3:16

16하나님이 세상을 이처럼 사랑하사 독생자를 주셨으니 이는 저를 믿
는 자마다 멸망치 않고 영생을 얻게 하려 하심이니라

요한일서 4:8

8사랑하지 아니하는 자는 하나님을 알지 못하나니 이는 하나님은 사랑
이심이라

4. 하나님은 ______________________ 분이십니다.

시편 118:1
1여호와께 감사하라 저는 선하시며 그 인자하심이 영원함이로다

5. 하나님은 ______________ 분이십니다.

베드로전서 1:15-16
15오직 너희를 부르신 거룩한 자처럼 너희도 모든 행실에 거룩한 자가
되라 16기록하였으되 내가 거룩하니 너희도 거룩할지어다 하셨느니라

6. 하나님은 ______________ 의 하나님이십니다.

고린도후서 13:13
13주 예수 그리스도의 은혜와 하나님의 사랑과 성령의 교통하심이 너희 무리와 함께 있을지어다

창세기 1:26
26하나님이 가라사대 우리의 형상을 따라 우리의 모양대로 우리가 사람을 만들고 그로 바다의 고기와 공중의 새와 육축과 온 땅과 땅에 기는 모든 것을 다스리게 하자 하시고

♣ 하나님은

창조주이십니다. 영원하신 분입니다. 사랑이십니다. 선하시고 인자하신 분입니다. 거룩하신 분입니다. 삼위일체의 하나님이십니다.

요약

인간이 하나님에 대한 지식을 알 수 있는 것은 인간 스스로 알 수 있는 것이 아니라 하나님께서 직접 가르쳐 주셨기 때문입니다. 하나님은 성경을 통하여 그분이 어떤 분이신지를 알려 주셨습니다. 그리고 우리는 성경에서 가르쳐 주는 대로 하나님을 믿습니다. 하나님이 어떤 분이신가에 대한 것은 논쟁의 대상이 아니라 신앙 고백의 대상입니다. 삼위일체의 하나님이란 성부 하나님, 성자 예수님, 성령 하나님이 한 하나님이시라는 뜻입니다. 인간의 제한된 지식과 생각으로는 이해하기 힘들지만 성경이 그것을 분명하게 증거하고 있습니다. 그리고 우리는 성경대로 믿고 따릅니다. 성경을 더 깊이 연구하고 배우다 보면 하나님에 대한 지식이 더욱더 확고해질 것입니다.

배운 바를 정리하십시오.

★당신을 향한 하나님의 계획은 무엇입니까?

다음 성경구절들을 읽고 하나님께서 당신에게 갖고 계신 뜻이 무엇인지 찾아보십시오.

1. 하나님은 우리에게 ________________ 을 주려고 하십니다.

예레미야 29:11
11나 여호와가 말하노라 너희를 향한 나의 생각은 내가 아나니 재앙이
아니라 곧 평안이요 너희 장래에 소망을 주려 하는 생각이라

2. 하나님께서 그 아들을 보내신 것은 ________________ 하시기 위해서입니다.

요한복음 3:16-17
16하나님이 세상을 이처럼 사랑하사 독생자를 주셨으니 이는 저를 믿
는 자마다 멸망치 않고 영생을 얻게 하려 하심이니라 17하나님이 그 아
들을 세상에 보내신 것은 세상을 심판하려 하심이 아니요 저로 말미암
아 세상이 구원을 받게 하려 하심이라

3. 하나님은 우리의 무거운 짐을 내리고 ____________ 주시려고 하십니다.

마태복음 11:28
28수고하고 무거운 짐진 자들아 다 내게로 오라 내가 너희를 쉬게 하
리라

4. 하나님은 우리를 ________________________ 여기며 ______________ 하십니다.

이사야 43: 4

4내가 너를 보배롭고 존귀하게 여기고 너를 사랑하였은즉 내가 사람들을 주어 너를 바꾸며 백성들로 네 생명을 대신하리니

5. 하나님은 우리를 통해서 ___________________ 받기를 원하십니다.

이사야 43:7

7무릇 내 이름으로 일컫는 자 곧 내가 내 영광을 위하여 창조한 자를 오게 하라 그들을 내가 지었고 만들었느니라

♣ 우리를 향해 하나님은

평안을 주십니다. 구원해 주십니다. 참 쉼을 주십니다. 보배롭고 존귀하게 하시며 사랑하십니다. 영광받기를 원하십니다.

요약

일반적으로 한국 사람들은 하나님에 대해 많은 오해를 하고 있습니다. 무속신앙에서 신은 인간을 괴롭히는 존재로 인식되어 왔고, 사람들은 그 원한을 달래기 위해서 신에게 제물을 드려야 한다고 보았습니다. 이것은 마치 폭력적인 아버지 아래서 자란 아이가 아버지라는 단어를 왜곡되게 받아들여 아버지를 '따뜻하고 다정한 분'이 아니라 '폭력적인 분'으로 받아들이는 것과 마찬가지의 원리입니다. 하나님이 어떤 분이신지, 그리고 그분이 나에게 어떤 뜻을 갖고 계시는지에 대해서는 신앙 생활을 하면서 계속 알아 가게 될 것입니다. 분명한 한 가지는 하나님을 알면 알수록 우리가 누리는 기쁨과 행복은 더 커지고 깊어진다는 사실입니다.

배운 바를 정리하십시오.

• 메시지 •

하나님 안에서 누리는 행복

하나님께서는 사람을 창조하셨습니다. 하나님은 우리가 행복해지길 원하십니다. 모든 물건들은 그것을 만든 사람의 의도가 있고, 그 의도대로 쓰일 때 그 물건은 가장 의미 있게 됩니다. 이처럼 사람이 가장 사람답게 살 수 있는 길은 하나님께로 나아가는 길입니다. 그분 안에서 우리는 사람이 처음 지음받은 목적대로 살게 됩니다.

하나님께서는 원래 사람을 하나님과 함께 영원히 행복하게 살도록 만드셨습니다. 그러나 사람이 죄를 지어, 하나님과 함께 살 수 있는 영원한 행복에서 떠났습니다. 하지만 하나님께서는 우리를 포기하지 않으시고 그 행복을 다시금 돌려 주길 원하셨습니다. 그래서 그분은 직접 사람이 지은 죄 값을 치르기로 작정하시고 십자가에서 돌아가셨습니다. 그리고 거기에서 흘리신 피로 사람의 죄를 용서하셨습니다.

죄는 죽음을 가져오기 때문에, 우리의 죄를 용서하고 우리에게 행복을 주시기 위해서는 죄 없는 자가 대신 죽어야만 했습니다. 하나님께서는 우리를 사랑하시기 때문에 그 아들 예수 그리스도를 이 땅에 보내시고 십자가에서 죽게 하셨습니다. 그분의 피의 대가로 우리는 하나님 안에서 행복을 누리게 됩니다. 그러나 그 사랑을 거부하는 자에게는 여전히 형벌과 심판이 있습니다. 왜냐하면 자신의 죄를 용서받지 못했기 때문입니다.

하나님 그분 안에 참 행복과 영생이 있습니다. 사람이 일평생 동안 하나님 한 분만을 바란다 해도 그 은혜와 사랑은 다하지 않습니다.

• 나눠 봅시다 •

1. 어떻게 하면 하나님 안에서 행복을 누릴 수 있습니까?

2. 하나님께로 가는 길은 무엇입니까?

▪2과 나를 구원하신 예수님

예수께서 가라사대 내가 곧 길이요 진리요 생명이니
나로 말미암지 않고는 아버지께로 올 자가 없느니라(요 14:6)

• 여는 글 •

예수님은 이천 년 전에 이 땅에 계셨던 분입니다. 그러나 그분이 누구신지에 대해서는 아직도 논쟁이 뜨겁습니다. 이슬람에서는 예언자의 한 사람으로, 유대교에서는 여전히 반역자로, 일반인들은 3대 성인 중 한 사람으로 여깁니다. 그러나 우리들은 그분이 우리의 구원자이시며 참 하나님이심을 믿습니다. 우리가 예수님이 누구신지 정확하게 알고 배우는 것은 정말 중요합니다. 왜냐하면 인간이 하나님께로 나아가는 유일한 길은 바로 예수 그리스도이시기 때문입니다. 예수님을 믿지 않거나 그분을 모르는 사람에게는 구원이 없습니다.

★예수님은 누구십니까?

다음 성경구절들을 읽고 예수님이 어떤 분이신지 답해 보십시오. 답하기가 어려우시면 정답 예제를 보고 기록하십시오. 그러나 말씀을 직접 보고 스스로 쓰는 훈련을 하시면 더 많은 유익이 있을 것입니다.

1. 예수님은 성경에 ____________________ 되신 분입니다.

로마서 1:2

2이 복음은 하나님이 선지자들로 말미암아 그의 아들에 관하여 성경에 미리 약속하신 것이라

누가복음 24:27

27이에 모세와 및 모든 선지자의 글로 시작하여 모든 성경에 쓴 바 자기에 관한 것을 자세히 설명하시니라

* 성경, 모세와 선지자의 글 – 예수님이 오시기 전 구약시대에 기록 된 하나님의 말씀을 가리킨다.

2. 예수님은 태초부터 말씀으로 계셨던 ________________ 이십니다.

요한복음 1:1
1태초에 말씀이 계시니라 이 말씀이 하나님과 함께 계셨으니 이 말씀
은 곧 하나님이시니라

3. 예수님은 ________________ 으로 이 땅에 오셨습니다.

요한복음 1:14
14말씀이 육신이 되어 우리 가운데 거하시매 우리가 그 영광을 보니
아버지의 독생자의 영광이요 은혜와 진리가 충만하더라

디모데전서 2:5
5하나님은 한 분이시요 또 하나님과 사람 사이에 중보도 한 분이시니
곧 사람이신 그리스도 예수라

4. 예수님은 ______________ 없으신 분입니다.

히브리서 4:15
15우리에게 있는 대제사장은 우리 연약함을 체휼하지 아니하는 자가 아
니요 모든 일에 우리와 한결같이 시험을 받은 자로되 죄는 없으시니라

5. 예수님은 우리 _______를 용서하시기 위해 십자가에서 죽으셨습니다.

요한복음 1:29
29이튿날 요한이 예수께서 자기에게 나아오심을 보고 가로되 보라 세상
죄를 지고 가는 하나님의 어린 양이로다

히브리서 10:12
12오직 그리스도는 죄를 위하여 한 영원한 제사를 드리시고 하나님 우편
에 앉으사

마태복음 20:19
19이방인들에게 넘겨 주어 그를 능욕하며 채찍질하며 십자가에 못 박게
하리니 제삼 일에 살아나리라

6. 예수님은 죽은 자 가운데서 다시 ________ 나셨습니다.

누가복음 18:33

33저희는 채찍질하고 죽일 것이니 저는 삼 일 만에 살아나리라 하시되

고린도전서 15:4

4장사 지낸 바 되었다가 성경대로 사흘 만에 다시 살아나사

7. 예수님은 하늘로 __________하셨습니다.

사도행전 1:9

9이 말씀을 마치시고 저희 보는 데서 올리워 가시니 구름이 저를 가리워 보이지 않게 하더라

8. 예수님은 ________________을 보내 주셨습니다.

요한복음 15:26

26내가 아버지께로서 너희에게 보낼 보혜사 곧 아버지께로서 나오시는 진리의 성령이 오실 때에 그가 나를 증거하실 것이요

요한복음 14:26

26보혜사 곧 아버지께서 내 이름으로 보내실 성령 그가 너희에게 모든 것을 가르치시고 내가 너희에게 말한 모든 것을 생각나게 하시리라

♣ 예수님은

성경에 예언되신 분입니다. 하나님이십니다. 사람이십니다. 죄가 없으신 분입니다. 우리 죄를 용서하시기 위해 죽으셨습니다. 부활하셨습니다. 승천하셨습니다. 성령님을 보내 주셨습니다.

요약

예수님의 출생은 오래 전부터 성경에 예언되어 있었습니다. 그분은 참 하나님이신 동시에 참 사람이셨습니다. 그리고 그분은 동정녀 마리아에게서 태어나신 죄 없는 분이셨습니다. 예수님은 이 땅에 오셔서 사람으로 사셨습니다. 그리고 우리 죄를 용서하시기 위해 제물이 되어 십자가에서 피 흘려 죽으셨습니다. 하나님께서는 우리들을 너무나 사랑하셨기 때문에 우리들을 구원하시기 위해 그 아들을 희생 제물로 삼으셨습니다.

배운 바를 정리하십시오.

★예수님은 왜 이 땅에 오셨습니까?

다음 성경구절들을 읽고 예수님이 이 땅에 오신 목적이 무엇인지 찾아보십시오. 답하기가 어려우시면 정답 예제를 보고 기록하십시오. 그러나 말씀을 직접 보고 스스로 쓰는 훈련을 하시면 더 많은 유익이 있을 것입니다.

1. 예수님은 우리를 하나님께로 ________하시기 위해서 오셨습니다.

   요한복음 14:6
   6예수께서 가라사대 내가 곧 길이요 진리요 생명이니 나로 말미암지
   않고는 아버지께로 올 자가 없느니라

2. 예수님은 죄인을 ________ 시키기 위해서 오셨습니다.

   누가복음 5:32
   32내가 의인을 부르러 온 것이 아니요 죄인을 불러 회개시키러 왔노라

3. 예수님은 하나님 나라의 복음을 ________하기 위해서 오셨습니다.

   마가복음 1:38
   38이르시되 우리가 다른 가까운 마을들로 가자 거기서도 전도하리니
   내가 이를 위하여 왔노라 하시고

4. 예수님은 우리에게 ________을 주시고 더 풍성하게 하시기 위해서 오셨습니다.

   요한복음 10:10
   10도적이 오는 것은 도적질하고 죽이고 멸망시키려는 것뿐이요 내가
   온 것은 양으로 생명을 얻게 하고 더 풍성히 얻게 하려는 것이라

5. 예수님은 ____________ 을 멸하시기 위해서 오셨습니다.

요한일서 3:8

8죄를 짓는 자는 마귀에게 속하나니 마귀는 처음부터 범죄함이니라
하나님의 아들이 나타나신 것은 마귀의 일을 멸하려 하심이니라

* 마귀의 일 – 죄를 짓게 하는 일

♣ 예수님은

하나님께로 우리를 인도하시기 위해, 죄인을 회개시키기 위해, 하나님의 복음을 전하기 위해, 양으로 생명을 얻고 풍성하게 하기 위해, 마귀의 일을 멸하기 위해 오셨습니다.

요약

예수님은 이 세상에 생명의 빛으로 오셨습니다. 그러나 이 생명의 빛이 세상에 비췄지만 사람들은 죄 때문에 빛을 싫어했습니다. 예수님은 우리에게 영원한 생명을 주시고 하나님 안에서 누리는 기쁨을 주시기 위해 오셨습니다. 예수님 안에 있으면 우리는 풍성한 생명의 기쁨을 누리게 됩니다.

배운 바를 정리하십시오.

★예수님을 따르면 어떻게 됩니까?

다음 성경 말씀을 읽고 예수님을 믿고 따르면 어떻게 되는지 기록해 보십시오.

1. 우리의 모든 죄를 ____________받습니다.

누가복음 7:48

48이에 여자에게 이르시되 네 죄 사함을 얻었느니라 하시니

로마서 6:6

6우리가 알거니와 우리 옛 사람이 예수와 함께 십자가에 못 박힌 것은
죄의 몸이 멸하여 다시는 우리가 죄에게 종 노릇하지 아니하려 함이니

2. 예수님은 우리에게 참된 ________를 주십니다.

요한복음 8:32
32진리를 알지니 진리가 너희를 자유케 하리라
*진리- 참 생명이신 예수 그리스도

3. 예수님은 우리를 하나님께로 ________ 합니다.

요한복음 14:6
6예수께서 가라사대 내가 곧 길이요 진리요 생명이니 나로 말미암지
않고는 아버지께로 올 자가 없느니라

4. 예수님은 우리에게 ________을 주십니다.

요한복음 5:24
24내가 진실로 진실로 너희에게 이르노니 내 말을 듣고 또 나 보내신
이를 믿는 자는 영생을 얻었고 심판에 이르지 아니하나니 사망에서
생명으로 옮겼느니라

5. 예수님은 우리에게 ________을 부어 주십니다.

사도행전 2:33
33하나님이 오른손으로 예수를 높이시매 그가 약속하신 성령을 아버
지께 받아서 너희 보고 듣는 이것을 부어 주셨느니라

♣ 예수님을 따르면

죄를 용서받습니다. 참 자유를 얻게 됩니다. 하나님께로 인도함받게 됩니다. 영원한 생명을 얻게 됩니다. 성령을 모시고 살게 됩니다.

요약

사도 바울이 복음을 전하다가 빌립보 감옥에 있을 때였습니다(행 16장). 간수는 어떻게 하면 구원을 얻을 수 있는지 물었습니다. 바울은 "주 예수를 믿으라 그리하면 너와 네 집이 구원을 얻으리라"(행 16:31) 라고 대답했습니다. 예수님을 믿으면 죄 용서함을 받고, 성령님을 모시고 기쁨으로 살게 되며, 하나님과 더불어 영원한 생명을 소유하게 됩니다.

배운 바를 정리하십시오.

• 메시지 •

하나님께로 가는 오직 한 길

모든 종교는 '현재의 어려움과 문제를 어떻게 극복할 수 있을까'와 '하나님께로 어떻게 하면 갈 수 있을까'에 대한 고민으로부터 출발합니다. 그래서 세상의 문제로부터 도피하기도 하고 스스로 선을 이루려 하기도 하고 많은 지식을 쌓으려고 노력하기도 합니다. 그러나 그것들은 사람들의 보기에 훌륭해 보이고 멋있어 보일지 모르지만 그것으로는 여전히 하나님께로 나아갈 수 없습니다. 동양 종교들의 특징은 스스로 구원을 이룰 수 있다고 생각하는 데 있습니다. 그들은 처음에는 신께로 나아가다가 어느 시점이 되면 자신이 신이 되고 또 스스로를 구원할 수 있다고 생각합니다. 그러나 그것은 큰 착각입니다. 인간은 죄인이며, 죄와 구원의 문제는 절대 인간 스스로 해결할 수 없습니다. 그 결과는 죽음과 심판뿐입니다.

하나님께로 가는 유일한 길은 예수 그리스도뿐입니다. 죄의 결과는 죽음입니다. 하지만 다른 사람이 그 죄 값을 대신해서 죽으면 용서받게 됩니다. 죄 없는 사람이 죄인을 대신해서 죽어 줄 때 그분의 은혜로 죄인은 죄의 값을 치르지 않아도 됩니다. 그 일을 예수님께서 하셨습니다. 하나님은 우리를 너무나 사랑하셨기 때문에 아들을 대신 죽게 하셨습니다. 그리고 그 사실을 믿는 믿음이 있는가를 보시고, 그 믿음을 의로움으로 여기셔서 구원해 주십니다. 하나님께로 가는 유일한 길은 예수 그리스도뿐입니다.

• 나눠 봅시다 •

1. 예수님을 영접하고 천국에 가려면 어떻게 해야 할까요?

2. 내가 지은 죄를 가지고 이대로 삶을 마친다면 어떻게 될까요?

3과 내 속에 계시는 성령

보혜사 곧 아버지께서 내 이름으로 보내실 성령
그가 너희에게 모든 것을 가르치시고
내가 너희에게 말한 모든 것을 생각나게 하시리라(요 14:26)

• 여는 글 •

성령님은 참 하나님이십니다. 어떤 이단 중에 성령은 인격체가 아닌 하나님으로부터 오는 영향력이라고 하는 이들이 있습니다. 그러나 성령님은 믿는 자 가운데 거하시는 인격적인 영으로, 성도들로 하여금 거룩한 생활을 하도록 하십니다. 성경은 그분이 참 하나님이심을 증거하고 있습니다. 예수님은 성령에 대해서 니고데모에게 말씀하실 때 "바람이 임의로 불매 네가 그 소리를 들어도 어디서 오며 어디로 가는지 알지 못하나니 성령으로 난 사람은 다 이러하니라"(요 3:8)라고 하였습니다. 예수님을 믿고 거듭난 이후 그 생활이 성령님에 의해 지배받는 사람만이 성령님에 대해서 바로 알 수 있습니다.

★성령 하나님은 어떤 분이십니까?

다음 성경구절들을 읽고 성령님이 어떤 분이신지 답해 보십시오. 답하기가 어려우시면 정답의 예제를 보고 기록하십시오. 그러나 말씀을 직접 보고 스스로 쓰는 훈련을 하시면 더 많은 유익이 있을 것입니다.

1. 성령님은 ____________ 하나님이십니다.

창세기 1:1
1태초에 하나님이 천지를 창조하시니라 땅이 혼돈하고 공허하며 흑암이 깊음 위에 있고 하나님의 신은 수면에 운행하시니라

2. 성령님은 ____________ 하나님이십니다.

히브리서 9:14
14하물며 영원하신 성령으로 말미암아 흠 없는 자기를 하나님께 드린
그리스도의 피가 어찌 너희 양심으로 죽은 행실에서 깨끗하게 하고
살아 계신 하나님을 섬기게 못하겠느뇨

3. 성령님은 우리를 ____________________로 들어가게 하십니다.

요한복음 3:5
5예수께서 대답하시되 진실로 진실로 네게 이르노니 사람이 물과 성
령으로 나지 아니하면 하나님 나라에 들어갈 수 없느니라

4. 성령님은 ____________이십니다.

요한복음 14:17
17저는 진리의 영이라 세상은 능히 저를 받지 못하나니 이는 저를 보
지도 못하고 알지도 못함이라 그러나 너희는 저를 아나니 저는 너희
와 함께 거하심이요 또 너희 속에 계시겠음이라

5. 성령님은 __________________ 계신 분입니다.

고린도전서 3:16
16너희가 하나님의 성전인 것과 하나님의 성령이 너희 안에 거하시는
것을 알지 못하느뇨

♣ **성령님은**

태초부터 계신 하나님이십니다. 영원하신 분입니다. 하나님 나라로 인도하십니다. 진리의 영이십니다. 우리 안에 거하십니다.

요약

성령님은 참 하나님이십니다. 그분은 창조 사역에도 동참하셨고 예수님을 통한 구원도 이루십니다. 그분을 진리의 영, 예수의 영이라고도 합니다. 성령님은 예수님께서 승천하신 이후 이 땅에 오셔서 예수님을 믿는 성도들 가운데 영원히 거하시면서 성도들을 하나님께로 인도하고 계십니다.

배운 바를 정리하십시오.

★성령 하나님께서는 어떤 사역을 하십니까?

다음 성경 말씀을 읽고 성령 하나님께서 어떤 일을 하시는지 기록해 보십시오.

1. 성령님은 ________________ 하십니다.

요한복음 14:26

26보혜사 곧 아버지께서 내 이름으로 보내실 성령 그가 너희에게 모든 것을 가르치시고 내가 너희에게 말한 모든 것을 생각나게 하시리라

2. 성령님은 우리의 죄를 __________하여 __________하게 하십니다.

요한복음 16:7-8

7그러하나 내가 너희에게 실상을 말하노니 내가 떠나가는 것이 너희에게 유익이라 내가 떠나가지 아니하면 보혜사가 너희에게로 오시지 아니할 것이요 가면 내가 그를 너희에게로 보내리니
8그가 와서 죄에 대하여, 의에 대하여, 심판에 대하여 세상을 책망하시리라

고린도전서 6:11

11너희 중에 이와 같은 자들이 있더니 주 예수 그리스도의 이름과 우리 하나님의 성령 안에서 씻음과 거룩함과 의롭다 하심을 얻었느니라

3. 성령님은 우리에게 ________을 주십니다.

사도행전 1:8
8오직 성령이 너희에게 임하시면 너희가 권능을 받고 예루살렘과 온
유대와 사마리아와 땅 끝까지 이르러 내 증인이 되리라 하시니라

4. 성령님은 우리를 __________ 가운데로 인도하십니다.

요한복음 16:13
13그러하나 진리의 성령이 오시면 그가 너희를 모든 진리 가운데로 인
도하시리니 그가 자의로 말하지 않고 오직 듣는 것을 말하시며 장래
일을 너희에게 알리시리라

5. 성령님은 우리를 위해 ________________으로 기도하십니다.

로마서 8:26
26이와 같이 성령도 우리 연약함을 도우시나니 우리가 마땅히 빌 바를
알지 못하나 오직 성령이 말할 수 없는 탄식으로 우리를 위하여 친히
간구하시느니라

6. 성령님은 우리가 __________인 것을 증거하십니다.

로마서 8:16
16성령이 친히 우리 영으로 더불어 우리가 하나님의 자녀인 것을 증거
하시나니

♣ 성령님은 우리에게
성경 말씀을 생각나게 하십니다. 죄를 책망하여 거룩하게 하십니다. 능력을 주십니다. 진리 가운데로 인도하십니다. 말할 수 없는 탄식으로 기도하십니다. 하나님의 자녀임을 알게 하십니다.

요약

성령님은 성도들의 삶을 인도하셔서 진리 가운데 살 수 있게 해 주십니다. 그래서 우리들을 하나님께로 인도해 주십니다. 그분은 우리가 죄를 지을 때 우리를 위해 기도해 주시고, 예수님의 말씀을 기억나게 해 주시며, 하나님의 자녀인 것을 알게 해 주십니다. 또한 성령님은 우리에게 은사를 주시고 능력을 주셔서 힘있는 그리스도인으로 살게 해 주십니다.

배운 바를 정리하십시오.

★성령님에 대한 성경의 가르침은 무엇입니까?

다음 성경 말씀을 읽고 성령 하나님과 성도의 삶에 대해서 어떻게 말씀하고 있는지 기록해 보십시오.

1. 우리는 성령 충만을 __________ 합니다. 이것은 성도에 대한 명령입니다.

에베소서 5:18
18술 취하지 말라 이는 방탕한 것이니 오직 성령의 충만을 받으라

2. 우리는 성령을 좇아 __________ 합니다. 그러면 거룩한 모습으로 살게 됩니다.

갈라디아서 5:16
16내가 이르노니 너희는 성령을 좇아 행하라 그리하면 육체의 욕심을 이루지 아니하리라

3. 우리는 성령님을 ____________하게 하지 말아야 합니다.

에베소서 4:30
30하나님의 성령을 근심하게 하지 말라 그 안에서 너희가 구속의 날까지 인치심을 받았느니라

♣ 성령에 대한 성경의 가르침은
'성령 충만을 받으라', '성령을 좇아 행하라', '성령을 근심하게 하지 말라' 입니다.

요약
능력 있는 그리스도인은 성령 충만한 그리스도인입니다. 우리는 성령 충만을 위해서 기도해야 합니다. 오순절 날 성령이 임하시던 그 모임에서 제자들은 성령님을 사모하며 기도했습니다. 예수님을 믿고 따르는 성도들은 성령님을 모시고 살 수 있습니다. 그러므로 성령 충만함을 구해야 합니다. 이것은 명령입니다.

배운 바를 정리하십시오.

★어떤 사람이 성령 충만한 그리스도인입니까?

다음 성경 말씀을 읽고 성령 충만한 그리스도인은 어떤 모습인지 기록해 보십시오.

1. 성령 충만한 그리스도인은 ______________를 맺게 됩니다.

갈라디아서 5:22-23

22오직 성령의 열매는 사랑과 희락과 화평과 오래 참음과 자비와 양선
과 충성과 23온유와 절제니 이 같은 것을 금지할 법이 없느니라

2. 성령 충만한 그리스도인은 육체의 욕심을 따르지 않고 ________ 삽니다.

갈라디아서 5:16

16내가 이르노니 너희는 성령을 좇아 행하라 그리하면 육체의 욕심을 이루지 아니하리라

데살로니가전서 4:3

3하나님의 뜻은 이것이니 너희의 거룩함이라 곧 음란을 버리고

3. 성령 충만한 그리스도인은 ____________ 전도합니다.

사도행전 1:8

8오직 성령이 너희에게 임하시면 너희가 권능을 받고 예루살렘과 온 유대와 사마리아와 땅 끝까지 이르러 내 증인이 되리라 하시니라

4. 성령 충만한 그리스도인은 ____________를 선물로 받습니다.

고린도전서 12:4

4은사는 여러 가지나 성령은 같고

♣ **성령 충만한 그리스도인은**

성령의 열매를 맺게 됩니다. 거룩하게 삽니다. 능력 있게 전도합니다. 은사를 선물로 받습니다.

요약

좋은 나무와 나쁜 나무는 그 열매를 보고 알 수 있습니다. 이처럼 성령 충만한 그리스도인은 그 인격이 예수님을 닮게 되며 그의 삶에서 성령의 아름다운 열매들을 볼 수 있게 됩니다. 그러므로 예수님을 처음 믿는 성도들 중에 술과 담배, 도박과 같은 옛날 습관을 끊지 못한 사람은 성령 충만을 구해야 합니다. 그러면 거룩한 삶을 살게 됩니다.

배운 바를 정리하십시오.

• 메시지 •

성도들을 진리 가운데로 인도하시는 영

성령님은 참 하나님이십니다. 성부 하나님, 성자 예수님, 성령 하나님은 한 하나님이십니다. 이것을 삼위일체의 하나님이라고 합니다. 셋이 하나이며 하나가 셋이라는 말은 인간의 논리로는 이해가 잘 되지 않습니다. 그러나 분명한 것은 성경이 우리에게 그렇게 가르치고 있다는 것입니다. 우리가 하나님에 대해 가장 분명히 알 수 있는 방법은 하나님께서 말씀하신 성경을 통해서입니다. 성경은 이 진리를 우리에게 가르쳐 줍니다. 이 진리는 어거스틴의 고백처럼 논쟁의 대상이 아니라 신앙 고백의 대상이 되어야 합니다.

성령님은 예수님의 보혈로 구원을 받은 성도들이 이 땅에서 생활하는 동안 그들을 진리 가운데로 인도하시고 하나님께로 인도해 주십니다. 그러므로 참된 예배를 드리고 바른 성도의 삶을 살기 위해서 우리는 성령님께 간구해야 합니다. 성령님에 대한 이해는 성령으로 난 자만이 알 수 있다고 예수님은 말씀하셨습니다. 성령님은 예수님의 보혈로 거듭난 성도들에게만 계시는 영입니다. 그러므로 먼저 예수님의 보혈로 거듭나야 합니다. 그러면 성령께서 임하십니다. 성도들은 성령 충만을 받기 위해서 기도해야 합니다. 그러면 성령 하나님께서 여러분의 삶을 인도해 주시고 진리 가운데로 이끌어 주실 것입니다.

• 나눠 봅시다 •

1. 성령님은 어떤 분이십니까? 여러분의 말로 발표해 보십시오.

2. 성령 충만을 받기 위해서는 어떻게 해야 할까요? 구체적으로 내가 실천해야 할 방법은 무엇입니까?

▪4과
삶으로 말하는 그리스도인

바나바가 사울을 찾으러 다소에 가서
만나매 안디옥에 데리고 와서
둘이 교회에 일 년간 모여 있어 큰 무리를 가르쳤고
제자들이 안디옥에서 비로소
그리스도인이라 일컬음을 받게 되었더라(행 11:25-26)

• 여는 글 •

그리스도인은 교회 다니는 사람을 말합니다. 우리는 신앙 생활을 교회에서 시작합니다. 그러나 엄밀히 말해 교회에 출석했다고 모두 그리스도인이 되는 것은 아닙니다. 어떤 이들은 취미나 종교 생활의 일환으로 교회에 다니기도 합니다. 진정한 그리스도인은 그 마음속에 예수님을 인격적으로 영접하고, 전적으로 그분의 삶을 따르기로 한 사람을 말합니다. 진정한 그리스도인이 되는 길과 방법은 무엇일까요? 그리고 진정한 그리스도인의 모습은 어떤 모습일까요?

▶구원의 역사

그리스도인은 예수님을 믿는 사람을 말합니다. 우리는 이미 세 과에 걸쳐 우리가 믿는 하나님이 어떤 분이시고 그분을 믿을 때 어떻게 되는지를 배웠습니다. 이제는 좀더 체계적으로 우리가 하나님께로 나아가는 방법들을 구원의 역사를 통해서 자세히 살펴보도록 하겠습니다.

★창조

하나님은 처음 그분의 선하신 뜻과 목적대로 사람을 만드셨습니다. 우리가 창조 때의 모습대로 살았다면 영원한 생명을 누리며 행복하게 살았을 것입니다. 인간의 참된 의미는 우리를 지으신 분 앞에서 완전해집니다.
아래의 말씀을 읽고 문제에 답하십시오.

1. 하나님께서 사람을 만드신 이유는 무엇이었습니까?

이사야 43:7
7무릇 내 이름으로 일컫는 자 곧 내가 내 영광을 위하여 창조한 자를
오게 하라 그들을 내가 지었고 만들었느니라

2. 하나님께서 인간을 창조하셨을 때의 모습은 어떠했습니까?

창세기 2:17
17선악을 알게 하는 나무의 실과는 먹지 말라 네가 먹는 날에는 정녕
죽으리라 하시니라

* 이 말씀은 타락 전 아담에게 하신 말씀입니다. 인간은 창조시 영원히 살 수 있는 존재로 만들어졌지만, 이 영생의 가능성은 죄로 인해 상실되었습니다.

창세기 2:19
19여호와 하나님이 흙으로 각종 들짐승과 공중의 각종 새를 지으시고
아담이 어떻게 이름을 짓나 보시려고 그것들을 그에게로 이끌어 이르시
니 아담이 각 생물을 일컫는 바가 곧 그 이름이라

* 태어난 아이의 이름을 하나 짓는 데도 한 달 이상이 걸립니다. 그런데 아담은 모든 동물의 이름을 지었습니다. 그의 지적 능력을 짐작할 수 있습니다.

요약

열역학 제2법칙은 엔트로피 법칙입니다. 이 법칙은 열 에너지는 모두가 일 에너지로 바뀌지 않는다는 것입니다. 즉 이 말은 무질서에서 질서로 그냥 갈 수 없다는 말입니다. 그러나 진화론은 아메바가 긴 시간을 걸쳐 인간이 되었다고 합니다. 자연의 모든 물질은 처음의 완전한 형태에서 시간이 지날수록 그 에너지를 잃게 됩니다. 즉 모래들이 모여서 벽돌이 되고 벽돌이 집을 저절로 만드는 것이 아니라 처음 누군가가 완전한 집을 지었고, 시간이 지나면서 그것이 점점 부서져 가는 것입니다. 하나님은 인간을 완전하게 만드셨습니다. 첫 인류 아담은 하나님과 교제할 수 있었으며 영원히 살 수 있는 가능성을 가지고 있었습니다. 그러나 그것은 죄로 인해서 상실되었습니다.

♣ 도움말 – 진화론의 모순

진화론은 과학이라기보다는 철학에 가까운 학문입니다. 다음의 질문들은 진화론의 모순을 잘 설명해 줍니다. 진화론은 마귀가 만들어낸 가장 큰 속임수 중 하나입니다.

1) 아메바에서 고등동물로 진화했다면 아메바의 생명은 어떻게 생겼을까요?
2) 돌연변이는 99.9%가 열등 돌연변이로 나타난다는 것이 생물학계의 결론인데 어떻게 우등진화가 일어났을까요?
3) 무인격의 물질에서 어떻게 인격적 존재로 비약적 발전을 할 수 있을까요?
4) 원숭이에서 인간으로 진화했다면 80% 인간이면서 20% 원숭이 또는 80% 원숭이면서 20% 인간인 진화의 중간 단계를 보여 주는 생물들이 어떻게 존재하지 않을까요?
5) 진화론이 사실이라면 우연히 물질에서 진화된 나는 어떤 의미가 있을까요?

★타락

이 땅에 죄가 들어왔고 죄는 하나님과의 관계를 단절시켰습니다. 죄는 하나님께서 만드신 것이 아니라 인간 스스로 선택한 책임의 결과입니다.

1. 죄란 무엇입니까? 다음 성경 말씀을 읽고 죄가 무엇인지 정리해 보십시오. 그리고 부록에 있는 새 가족을 위한 용어 사전도 참고하십시오.

야고보서 4:17
17이러므로 사람이 선을 행할 줄 알고도 행치 아니하면 죄니라

로마서 14:23
23의심하고 먹는 자는 정죄되었나니 이는 믿음으로 좇아하지 아니한 연
고라 믿음으로 좇아하지 아니하는 모든 것이 죄니라

요한복음 16:9
9죄에 대하여라 함은 저희가 나를 믿지 아니함이요

요한일서 5:17
17모든 불의가 죄로되 사망에 이르지 아니하는 죄도 있도다

요한일서 3:4
4죄를 짓는 자마다 불법을 행하나니 죄는 불법이라

로마서 3:10
10기록한 바 의인은 없나니 하나도 없으며

요약
죄는 여러 가지로 표현될 수 있습니다. 그러나 근본적으로 죄는 하나님을 떠난 상태에서부터 시작됩니다. 하나님을 알지 못하고 하나님의 영광에 이르지 못한 그 상태가 죄입니다. 그리고 이 땅의 모든 사람은 다 죄인입니다. 그렇다면 죄의 결과는 어떻게 될까요?

죄에 대해서 정리해 보십시오.

---

2. 죄의 결과는 무엇입니까? 다음의 성경 말씀을 읽고 죄의 결과를 아래에 정리해 보십시오.

히브리서 9:27
27한 번 죽는 것은 사람에게 정하신 것이요 그 후에는 심판이 있으리니

로마서 6:23
23죄의 삯은 사망이요 하나님의 은사는 그리스도 예수 우리 주 안에 있는 영생이니라

로마서 3:23
23모든 사람이 죄를 범하였으매 하나님의 영광에 이르지 못하더니

요약
죄의 결과는 너무나 참혹했습니다. 죄는 죽음을 가져왔고, 고통과 불평, 불균형을 가져왔습니다. 이 문제의 근본은 하나님과의 교제의 단절로부터 온 것입니다. 죄를 지은 인간에게는 죄의 결과에 대한 심판과 죽음만이 기다리고 있습니다.

죄의 결과에 대해서 정리해 보십시오.

♣ 도움말 – 왜 하나님은 선악과를 만드셨습니까?
하나님이 선악과를 만들지 않으셨다면 죄를 짓지도 않았을 것이라는 생각에서, 결국 죄는 하나님의 간섭 아래 이루어진 것이 아니냐는 의문을 가질 수 있습니다. 하나님께서 사람에게 선악과를 주신 것은 그에게 복이 되기 때문입니다. 인간은 선악과 외에 모든 것을 자기 마음대로 할 수 있었습니다. 그런데 자기 스스로 할 수 없는 선악과를 보면서 자신이 피조물임을 인식하게 되고 또 하나님을 기억할 수 있었던 것입니다. 선악과를 통해서 사람은 자신의 위치를 알았고 하나님께 영광을 돌리게 되며 그 안에서 참 행복을 누릴 수 있음을 알았던 것입니다. 그러나 하나님과 같아지고자 하는 교만이 사람을 타락하게 했습니다. 죄 문제에 대해서 우리가 알아야 할 것은 하나님의 주권과 인간의 책임입니다. 모든 것이 하나님의 주권 아래 있지만 죄에 대해서는 인간에게 책임이 있습니다.

★구속

하나님께서는 우리를 사랑하셔서 예수님을 통해서 하나님께로 나아오게 하셨습니다. 성경 말씀을 읽고 다음의 질문들에 답해 보십시오.

1. 죄를 용서받을 수 있는 방법은 무엇입니까?

....

....

히브리서 9:22
22율법을 좇아 거의 모든 물건이 피로써 정결케 되나니 피 흘림이 없은 즉 사함이 없느니라

2. 누가 당신의 죄 값을 대신해서 죽임을 당하셨습니까?

....

....

베드로전서 3:18
18그리스도께서도 한 번 죄를 위하여 죽으사 의인으로서 불의한 자를 대신하셨으니 이는 우리를 하나님 앞으로 인도하려 하심이라 육체로는 죽임을 당하시고 영으로는 살리심을 받으셨으니

3. 예수님을 믿는 사람은 어떻게 됩니까?

....

....

요한복음 5:24
24내가 진실로 진실로 너희에게 이르노니 내 말을 듣고 또 나 보내신 이를 믿는 자는 영생을 얻었고 심판에 이르지 아니하나니 사망에서 생명으로 옮겼느니라

고린도후서 5:17
17그런즉 누구든지 그리스도 안에 있으면 새로운 피조물이라 이전 것은 지나갔으니 보라 새 것이 되었도다

* 예수님을 따르는 사람들의 삶이 어떻게 되는지는 이미 앞의 세 과를 통해 배웠습니다.

4. 구원받을 다른 방법이 있습니까?

....

....

사도행전 2:21
21누구든지 주의 이름을 부르는 자는 구원을 얻으리라 하였느니라

사도행전 4:12
12다른 이로서는 구원을 얻을 수 없나니 천하 인간에 구원을 얻을 만한
다른 이름을 우리에게 주신 일이 없음이니라 하였더라

요약
하나님은 우리를 창조하셨습니다. 그리고 인간은 죄를 지어 타락했습니다. 그러나 하나님께서는 다시금 우리를 부르셔서 구속하셨습니다. 그래서 우리는 처음 우리를 창조하신 분의 지으신 뜻대로 살며 영원한 생명을 소유하게 되었습니다.

▶그리스도인의 길

예수님을 믿는 사람들이 어떻게 구원을 받았으며 그 구원을 어떻게 이루어 가는지 배우도록 하겠습니다.

★구원의 시작 – 칭의(稱義)

구원의 시작을 칭의라고 합니다. 이것은 구원의 첫 걸음입니다. 그러면 새로운 피조물로 거듭나게 됩니다. 다음 성경 말씀을 읽고 구원받은 사람의 변화를 정리하십시오.

1. 구원받으려면 예수님을 마음으로 __________ 해야 합니다.

요한복음 1:12
12영접하는 자 곧 그 이름을 믿는 자들에게는 하나님의 자녀가 되는 권
세를 주셨으니

2. 구원받으려면 우리의 죄를 ________ 하고 예수님께 용서받아야 합니다.

요한일서 1:9
9만일 우리가 우리 죄를 자백하면 저는 미쁘시고 의로우사 우리 죄를 사하시며 모든 불의에서 우리를 깨끗케 하실 것이요

3. 그리스도 안에서 우리들은 ________ 피조물이 됩니다.

고린도후서 5:17
17그런즉 누구든지 그리스도 안에 있으면 새로운 피조물이라 이전 것은 지나갔으니 보라 새 것이 되었도다

♣ 예수님을 영접합니다. 죄사함을 받습니다. 새로운 피조물이 됩니다.

당신은 그리스도를 영접하고 죄 사함을 받았습니까? 그렇지 않다면 이 책 앞부분에 기록된 영접 기도를 따라 기도하면서 진심으로 고백하시기 바랍니다.

★구원의 과정 - 성화(聖化)

구원받은 사람들은 이제부터 그리스도와 하나된 성도로서 살아가야 합니다. 여기서부터는 우리들이 열심히 지켜가야 할 내용입니다. 성도들은 어떻게 살아야 합니까?

1. 하나님을 사랑하는 방법은 무엇입니까?

요한복음 14:21
21나의 계명을 가지고 지키는 자라야 나를 사랑하는 자니 나를 사랑하는 자는 내 아버지께 사랑을 받을 것이요 나도 그를 사랑하여 그에게 나를 나타내리라

예수님의 ________ 을 계속 따르며 지켜가야 합니다.

2. 육체의 욕심이란 무엇일까요?

갈라디아서 5:16
16내가 이르노니 너희는 성령을 좇아 행하라 그리하면 육체의 욕심을 이루지 아니하리라

성령님의 ________ 을 받아 거룩하게 살아야 합니다.

3. 앞으로 네가 이겨내야 할 시험은 무엇입니까?

고린도전서 10:13
13사람이 감당할 시험밖에는 너희에게 당한 것이 없나니 오직 하나님은 미쁘사 너희가 감당치 못할 시험당함을 허락지 아니하시고 시험당할 즈음에 또한 피할 길을 내사 너희로 능히 감당하게 하시느니라

________ 을 이겨야 합니다.

♣ 그리스도인들은
예수님의 말씀을 지키며 삽니다. 성령님의 다스림으로 거룩하게 삽니다.
시험을 이겨 냅니다.

★구원의 완성 –영화(榮化)

구원의 완성으로 우리는 예수님처럼 완전해지게 됩니다. 그러나 이것은 이 땅에서 이루어지지 않습니다. 예수님이 재림하실 때 우리는 더 이상 죽지도, 아프지도 않는 새로운 모습(예수님과 같은)으로 영원히 예수님과 함께 살게 됩니다.
예수님이 재림하실 때 우리는 어떻게 됩니까?

1. 성도들은 ________ 와 같은 모습이 됩니다.

요한일서 3:2

2사랑하는 자들아 우리가 지금은 하나님의 자녀라 장래에 어떻게 될 것은 아직 나타나지 아니하였으나 그가 나타내심이 되면 우리가 그와 같을 줄을 아는 것은 그의 계신 그대로 볼 것을 인함이니

2. 성도들은 ______________ 에서 살게 됩니다.

요한계시록 21:4

4모든 눈물을 그 눈에서 씻기시매 다시 사망이 없고 애통하는 것이나 곡하는 것이나 아픈 것이 다시 있지 아니하리니 처음 것들이 다 지나갔음이러라

♣ 예수님이 다시 오시는 날

우리는 예수님의 모습과 같아집니다. 우리는 하나님 나라에서 살게 됩니다.

요약

구원의 과정은 칭의 – 성화 – 영화의 단계를 거칩니다. '칭의'는 죄인인 우리를 예수님께서 의롭다고 인정해 주신 것입니다. 그래서 우리의 상태는 여전히 죄인이지만 우리의 신분은 의인이 됩니다. 이것은 구원의 시작입니다. 우리는 예수님을 마음으로 영접하고 죄를 용서받음으로 구원이 시작됩니다. '성화'는 이 땅에서 살아가는 날 동안 예수님을 닮아 가는 거룩한 삶을 사는 것입니다. 우리가 거룩하게 사는 것은 구원을 받았기 때문입니다. '영화'는 예수님과 같이 되는 것인데 이것은 이 땅에서 이루어지지 않습니다. 예수님이 재림하실 때 완성됩니다. 아직 예수님을 영접하지 않으신 분들은 본교재 앞에 있는 영접 기도문을 따라서 기도해 보십시오.

배운 바를 정리하십시오.

▶그리스도인은 어떻게 살아야 합니까?

이제까지 배운 내용들을 정리하면서 앞으로 그리스도인으로서 어떻게 살아야 할지에 대해서 배우도록 하겠습니다. 앞서 살펴본 것처럼 예수님을 영접한 사람은 성화의 삶(예수님을 닮아 가는 삶)을 살아야 합니다.

1. 우리의 영이 자라기 위해서는 어떻게 해야 합니까?

베드로전서 2:2
2갓난 아이들같이 순전하고 신령한 젖을 사모하라 이는 이로 말미암아
너희로 구원에 이르도록 자라게 하려 함이라
*신령한 젖 - 아기들이 젖을 먹고 자라듯이 신앙이 자라도록 말씀을 배워야 합니다.

베드로후서 3:18
18오직 우리 주 곧 구주 예수 그리스도의 은혜와 저를 아는 지식에서
자라가라 영광이 이제와 영원한 날까지 저에게 있을지어다

영적으로 자라기 위해 ________ 을 힘써 배워야 합니다.

2. 예수님은 어떻게 기도하셨습니까?

마가복음 1:35
35새벽 오히려 미명에 예수께서 일어나 나가 한적한 곳으로 가사 거기
서 기도하시더니

누가복음 22:39
39예수께서 나가사 습관을 좇아 감람 산에 가시매 제자들도 좇았더니

예수님처럼 매일 ________ 를 생활화해야 합니다.

3. 거룩하게 살려면 어떻게 해야 합니까?

베드로전서 1:15
15오직 너희를 부르신 거룩한 자처럼 너희도 모든 행실에 거룩한 자가
되라

요한복음 14:21
21나의 계명을 가지고 지키는 자라야 나를 사랑하는 자니 나를 사랑하
는 자는 내 아버지께 사랑을 받을 것이요 나도 그를 사랑하여 그에게
나를 나타내리라

갈라디아서 5:16
16내가 이르노니 너희는 성령을 좇아 행하라 그리하면 육체의 욕심을
이루지 아니하리라

예수님을 따르는 자로서 ________ 한 삶을 살아야 합니다.

4. 우리는 예배와 모임에 어떻게 임해야 합니까?

히브리서 10:25
25모이기를 폐하는 어떤 사람들의 습관과 같이 하지 말고 오직 권하여
그 날이 가까움을 볼수록 더욱 그리하자

사도행전 2:46
46날마다 마음을 같이 하여 성전에 모이기를 힘쓰고 집에서 떡을 떼며
기쁨과 순전한 마음으로 음식을 먹고

예배와 모임에 열심히 ________ 해야 합니다.

5. 예수님의 증인이 되어 ________ 해야 합니다.

요한복음 15:8
8너희가 과실을 많이 맺으면 내 아버지께서 영광을 받으실 것이요 너희
가 내 제자가 되리라

내가 전도할 수 있는 사람, 혹은 전도해야 할 사람들의 이름을 적어 보십시오.

6. 예수님을 __________ 으로 모시고 살아야 합니다.

요한복음 13:13-15
13너희가 나를 선생이라 또는 주라 하니 너희 말이 옳도다 내가 그러하
다 14내가 주와 또는 선생이 되어 너희 발을 씻겼으니 너희도 서로 발
을 씻기는 것이 옳으니라 15내가 너희에게 행한 것같이 너희도 행하게
하려 하여 본을 보였노라

누가복음 12:42
42주께서 가라사대 지혜 있고 진실한 청지기가 되어 주인에게 그 집 종
들을 맡아 때를 따라 양식을 나누어 줄 자가 누구냐

♣ **그리스도인은**

말씀을 힘써 배웁니다. 매일 기도합니다. 거룩하게 삽니다. 모임에 잘 참석합니다. 전도합니다. 예수님을 주인으로 모십니다.

요약

예수님을 주인으로 모시고 사는 삶을 청지기의 삶이라고 합니다. 청지기는 무슨 일을 하든지 주인의 뜻을 따라야 합니다. 이제부터 나의 삶의 모든 부분을 드려 하나님을 위해 살아야 합니다.

• 메시지 •

그리스도인의 길

내가 예수님을 믿기로 작정하고 그분을 따르는 제자가 되었다고 언제든지 마음에 들지 않으면 떠나도 된다는 생각을 가져서는 안 됩니다. 구원은 내가 하나님을 택한 것이 아니라 하나님께서 우리들을 선택하여 주신 것입니다. 구원은 시작부터 마지막 완성까지 주님께서 이루어 주십니다. 하나님은 천지를 창조하기 이전부터 우리의 구원을 계획하셨습니다. 인간적인 측면에서는 이해가 잘 되지 않지만 하나님은 전능하십니다.

그리고 구원받은 백성들은 그 모습이 예수님을 닮게 됩니다. 구원받았는데도 예수님을 전혀 닮지 않고 닮아 가지도 않는다면 그 사람의 구원은 의심해 보아야 합니다. 왜냐하면 행함이 없는 믿음은 죽은 믿음이기 때문입니다. 우리가 예수님을 주인으로 모시면 반드시 우리의 생활에 변화가 나타나게 됩니다. 그래서 앞으로 힘써 거룩하게 살도록 노력해야 합니다. 말씀을 배우며 성령님께 의뢰할 때 우리는 거룩하게 됩니다. 이 거룩은 완벽하거나 어떤 경지가 있는 것이 아닙니다. 때로 실수하고 넘어지더라도 매일매일 조금씩 변해 가는 것입니니다.

그리스도인으로서 새로운 삶을 시작하신 여러분, 여러분보다 먼저 신앙 생활을 하신 분들 중에서 신앙의 모습을 본받고 싶은 사람을 한 사람 정도 모델로 정하십시오. 그리고 그분의 삶을 배우도록 노력하십시오. 성경을 보고 배우는 것도 중요하지만 주위에 있는 경건한 사람의 모습을 보고 배울 때 우리는 더 빨리 성숙한 신앙을 소유하게 됩니다.

• 나눠 봅시다 •

1. 우리 교회에서 신앙의 모습을 본받고 배울 만한 좋은 모델이 되는 사람의 이름을 적어 보십시오.

2. 성도의 거룩한 모습은 구체적으로 어떤 것들을 말할까요?

• 메모 •

■5과
하나님의 말씀인 성경

모든 성경은 하나님의 감동으로 된 것으로
교훈과 책망과 바르게 함과 의로 교육하기에 유익하니(딤후 3:16)

• 여는 글 •

사람은 매일 음식을 먹어야 살 수 있습니다. 이처럼 우리의 영도 매일 영의 양식을 먹어야만 합니다. 그 생명의 양식은 바로 하나님의 말씀인 성경입니다. 성경에는 하나님이 어떤 분이시고 우리가 어떻게 살아야 할지에 관한 내용들이 모두 기록되어 있습니다.

★성경은 무엇입니까?

성경은 하나님의 말씀으로, 구약 39권, 신약 27권 총 66권으로 되어 있습니다. 약 1600여 년 동안 40여 명의 저자들이 기록했습니다. 그들의 직업과 직위와 기록 연대는 모두 다르지만 성경은 통일성을 가지고 있습니다. 그 이유는 성령 하나님께서 성경을 기록하게 하셨기 때문입니다.
성경은 어떻게 기록되었습니까?

1. 성경은 ___________으로 기록되었습니다.

디모데후서 3:16
16모든 성경은 하나님의 감동으로 된 것으로 교훈과 책망과 바르게 함과 의로 교육하기에 유익하니

* 하나님의 감동 – '하나님의 호흡', '하나님의 숨결'이란 뜻으로, 성경이 기록되는 과정에 하나님의 영이 함께 하셨음을 알려 줍니다.

2. 하나님은 선지자들에게 말씀을 ________ 하도록 하셨습니다.

출애굽기 17:14

[14]여호와께서 모세에게 이르시되 이것을 책에 기록하여 기념하게 하고 여호수아의 귀에 외워 들리라 내가 아말렉을 도말하여 천하에서 기억함이 없게 하리라

예레미야 30:2

[2]이스라엘의 하나님 여호와께서 이같이 일러 가라사대 내가 네게 이른 모든 말을 책에 기록하라

3. 성경은 성령의 ____________ 을 입은 사람들이 하나님께 받아 기록하였습니다.

베드로후서 1:20-21

[20]먼저 알 것은 경의 모든 예언은 사사로이 풀 것이 아니니 [21]예언은 언제든지 사람의 뜻으로 낸 것이 아니요 오직 성령의 감동하심을 입은 사람들이 하나님께 받아 말한 것임이니라

♣ 성경은

하나님의 감동으로 기록되었습니다. 하나님께서 기록하게 하셨습니다. 성령의 감동을 입은 사람들이 기록했습니다.

요약

성경은 일반적으로 세 가지 방법으로 기록되었습니다. 첫째는 누가와 같은 경우로, 자신이 알고 있는 사실을 그대로 기록한 경우입니다. 두 번째는 바울과 같은 경우로, 자신의 필체와 교리적인 문제 등을 자신의 경험을 통해 기록한 경우입니다. 그리고 세 번째는 모세와 같은 경우로, 하나님께서 하신 말씀을 그대로 기록한 경우입니다. 하나님은 여러 저자를 통해서 여러 가지 방법으로 성경을 기록하게 하셨지만 그 가운데 성령님이 영감하셨습니다. 그래서 인간을 통해서 인간의 언어로 기록되었지만 전능하신 하나님이 성경에 오류가 없도록 하셨습니다. 성경은 오류가 없는 살아 계신 하나님의 말씀입니다.

배운 바를 정리하십시오.

★성경은 왜 기록되었습니까?

다음 성경 말씀을 읽고 성경이 기록된 목적을 찾아보십시오.

1. 성경은 예수님이 하나님의 아들이심을 믿게 하고 또 ________을 얻게 하기 위해 기록되었습니다.

요한복음 20:31
31오직 이것을 기록함은 너희로 예수께서 하나님의 아들 그리스도이심
을 믿게 하려 함이요 또 너희로 믿고 그 이름을 힘입어 생명을 얻게 하
려 함이니라

2. 성경은 __________이 누구신지를 알게 하기 위해 기록되었습니다.

요한복음 5:39
39너희가 성경에서 영생을 얻는 줄 생각하고 성경을 상고하거니와 이
성경이 곧 내게 대하여 증거하는 것이로다

신명기 4:35
35이것을 네게 나타내심은 여호와는 하나님이시요 그 외에는 다른 신이
없음을 네게 알게 하려 하심이니라

3. 성경은 우리들을 _______________으로 온전케 하고__________을 행하게 합니다.

디모데후서 3:16-17
16모든 성경은 하나님의 감동으로 된 것으로 교훈과 책망과 바르게 함
과 의로 교육하기에 유익하니 17이는 하나님의 사람으로 온전케 하며
모든 선한 일을 행하기에 온전케 하려 함이니라

♣ 성경은
구원을 위해서, 하나님이 누구신지 알게 하기 위해서, 교훈, 책망, 바르게 함, 의로 교육하기 위해서 기록되었습니다.

★성경은 우리에게 어떤 유익을 줍니까?

다음의 성경 말씀을 읽고 답하십시오.

1. 성경은 우리들을 가르쳐서 ____________ 하며 __________ 행하게 합니다.

디모데후서 3:17
17이는 하나님의 사람으로 온전케 하며 모든 선한 일을 행하기에 온전
케 하려 함이니라

2. 주의 말씀은 우리의 마음에 _______________을 줍니다.

예레미야 15:16
16만군의 하나님 여호와시여 나는 주의 이름으로 일컬음을 받는 자라
내가 주의 말씀을 얻어 먹었사오니 주의 말씀은 내게 기쁨과 내 마음의
즐거움이오나

3. 주의 말씀은 우리로 하여금 하나님을 ________ 하게 합니다.

시편 143:8
8아침에 나로 주의 인자한 말씀을 듣게 하소서 내가 주를 의뢰함이니이
다 나의 다닐 길을 알게 하소서 내가 내 영혼을 주께 받듦이니이다

4. 주의 말씀은 우리들의 행실을 __________ 합니다.

시편 119:9
9청년이 무엇으로 그 행실을 깨끗케 하리이까 주의 말씀을 따라 삼갈
것이니이다

5. 주의 말씀을 사랑하는 자에게는 __________이 있습니다.

시편 119:165
165주의 법을 사랑하는 자에게는 큰 평안이 있으니 저희에게 장애물이
없으리이다

6. 주의 말씀은 우리들의 길을 인도하는 ________ 입니다.

시편 119:105
105주의 말씀은 내 발에 등이요 내 길에 빛이니이다

7. 주의 말씀은 우리로 하여금 주님을 ______하게 합니다.

시편 119:38
38주를 경외케 하는 주의 말씀을 주의 종에게 세우소서

♣ **성경은**

우리들을 온전하게 합니다. 즐겁게 합니다. 하나님을 의뢰하게 합니다. 깨끗케 합니다. 평안을 줍니다. 빛입니다. 경외케 합니다.

요약

어떤 신학자는 성경을 모르면 하나님을 모르는 것이라고 했습니다. 하나님의 사람은 하나님의 말씀을 더 깊이 알아야 합니다. 아이언 싸이드 박사는 14살이 되었을 때 자기 나이만큼 성경을 읽지 못한 것에 관심을 가졌습니다. 그리고 그는 21살 때 자기 나이만큼 성경을 읽게 되었고, 말년에는 자신의 나이보다 훨씬 더 많이 성경을 읽었다고 합니다.

배운 바를 정리하십시오.

★성경의 구성

성경은 다음과 같이 구성되어 있습니다. 빈 칸을 채워 보십시오.

구약 – 예수님이 오시기 전까지 예수님에 대해 예언한 글	
모세오경 모세가 쓴 5권	
역사서 역사를 기록한 12권	
시가서 시의 형식으로 기록된 5권	
대선지서 분량이 많은 예언서 5권 (4명의 대선지자가 기록)	
소선지서 분량이 적은 예언서 12권	

신약 – 예수님이 오신 후 예수님에 대해 기록한 글	
복음서 예수님의 사역을 기록한 4권	
역사서 교회의 역사와 성령의 역사를 기록한 1권	
바울 서신 바울이 쓴 편지 형식의 13권	
일반 서신 그 외의 저자들이 쓴 편지 형식의 8권	
예언서 미래와 천국에 대해 요한이 쓴 1권	

★성경에 대한 성도의 의무

성도들은 성경 말씀을 어떻게 해야 할까요? 다음 성경 구절들을 읽고 기록해 보십시오.

1. 하나님의 말씀을 __________ 지켜야 합니다.(듣기)

누가복음 11:28
28예수께서 가라사대 오히려 하나님의 말씀을 듣고 지키는 자가 복이 있느니라 하시니라

2. 말씀을 _______ 듣고, 기록한 것을 ________ 합니다.(읽기)

요한계시록 1:3
3이 예언의 말씀을 읽는 자와 듣는 자들과 그 가운데 기록한 것을 지키는 자들이 복이 있나니 때가 가까움이라

3. 주의 말씀을 항상 ________에 두어야 합니다.(암송)

시편 119:11
11내가 주께 범죄치 아니하려 하여 주의 말씀을 내 마음에 두었나이다

4. 주의 말씀을 ________ 해야 합니다.(QT)

시편 119:97
97내가 주의 법을 어찌 그리 사랑하는지요 내가 그것을 종일 묵상하나
이다

♣ **성도들은**
말씀을 듣고 지켜야 합니다. 읽어야 합니다. 외워야 합니다. 묵상해야 합니다.

★성경 말씀을 가까이하는 방법 (QT 하기)

그리스도인은 묵상하는 삶을 살아야 합니다. 묵상은 매일 일정한 시간과 장소를 정해서 하나님의 말씀을 읽고 기도하는 시간을 가짐으로 하나님과 교제하는 것입니다.

• 묵상 순서
(1) 먼저 기도를 합니다. - 하나님께 말씀을 잘 이해하게 해 달라고 기도합니다.
(2) 말씀을 조용히 읽습니다. - 본문의 전체적인 의미가 무엇인지를 살펴봅니다.
(3) 말씀을 깊이 생각해 봅니다. - 하나님이 어떤 분이신지, 내가 깨달은 진리나 회개해야 할 죄는 무엇인지, 그리고 교훈은 무엇인지 찾아봅니다.
(4) 적용합니다. - 삶에 실천할 말씀을 찾아 기록하고 실천합니다.
(5) 기도합니다. - 기도로 마칩니다.

이제부터 교회에서 단체로 사용하는 묵상지나, 프리셉트 성경연구원에서 발간될 예정인 「새 가족을 위한 요한복음 묵상」을 교재로 활용하여 묵상을 시작하십시오.

• 메시지 •

시대와 환경을 초월한 말씀

우리가 매일 읽고 묵상하는 성경 말씀은 살아 계신 하나님의 말씀입니다. 그 내용이 기록된 시기는 지금과 2천 년 이상이나 차이가 나고, 문화와 환경도 지금과는 너무나 다릅니다. 하지만 그 말씀을 읽을 때 우리는 하나님의 능력을 경험하게 되고 하나님의 사랑을 깨닫게 됩니다. 왜냐하면 이 말씀은 살아 계신 하나님의 말씀이기 때문입니다.

인간적으로 볼 때 고선(古典)과도 같은 성경은 오늘날 나의 인생에는 아무런 영향을 미칠 수 없다고 여겨질 수도 있습니다. 그러나 그 말씀을 기록하게 하신 분은 사람이 아니라 살아 계신 하나님이시기 때문에 그 말씀의 능력은 오늘날에도 동일하게 나타나게 됩니다. 성경에 나타난 많은 선인들의 신앙의 삶을 읽고 배우고 또 그대로 살아간다면 우리도 그들이 누렸던 믿음 생활을 그대로 누릴 수 있습니다.

인쇄 기술이 발달되기 전, 우리의 믿음의 선조들은 성경책을 일일이 옮겨적어서 보존하고 전파했습니다. 지금도 복음을 핍박하고 있는 나라에 사는 성도들은 그 말씀을 외우거나 옮겨 적는 방법으로 말씀을 공부하고 전파합니다. 말씀을 생활화하는 가운데 살아 계신 하나님의 큰 능력을 경험하게 됩니다.

성경은 오늘날 가장 많이 팔리는 베스트셀러입니다. 성경이 많이 팔리고 많이 전파되는 것 못지않게 중요한 것은 많이 읽고 배우고 묵상하여 말씀을 생활화하는 것입니다.

• 나눠 봅시다 •

1. 그리스도인이라면 대충 어느 정도 성경을 읽어야 할까요?

2. 새 가족 공부를 마칠 때까지 성경을 1독 이상 하려면 어떻게 해야 할까요?

▪6과 하나님께 드리는 기도

너희가 내 이름으로 무엇을 구하든지 내가 시행하리니
이는 아버지로 하여금 아들을 인하여 영광을 얻으시게 하려 함이라
(요 14:13)

• 여는 글 •

모든 종교에는 기도가 있습니다. 그리고 신앙이 있든 없든 간에 사람들은 기도하고 싶은 본능을 가지고 있습니다. 이것은 사람 속에 하나님을 갈망하는 마음이 있기 때문입니다. 그러나 사람들은 그 대상을 잘 몰라서 나무나 돌과 같은 것에 빌기도 하고 다른 종교들은 자신들의 신에게 빌기도 합니다. 기도에 있어서 가장 중요한 것은 바른 대상을 찾는 것입니다.

★기도란 무엇입니까?

기도는 하나님을 향한 우리 마음의 간구를 표현하는 것입니다. 하나님은 우리가 기도하면 들으시겠다고 약속하셨습니다. 기도는 우리가 하나님께로 나아가는 통로가 됩니다.

우리가 하나님께 기도를 하면 하나님은 우리 기도를 ________십니다.

요한일서 5:14
14그를 향하여 우리의 가진 바 담대한 것이 이것이니 그의 뜻대로 무엇
을 구하면 들으심이라

★어떻게 기도해야 합니까?

다음의 성경 말씀을 읽고 아래의 문제에 따라 답을 해 보십시오. 말씀을 더 깊이 보게 되는 귀납적 방법이 훈련될 것입니다.

누가복음 11:1-13

1예수께서 한 곳에서 기도하시고 마치시매 제자 중 하나가 여짜오되 주
여 요한이 자기 제자들에게 기도를 가르친 것과 같이 우리에게도 가르
쳐 주옵소서 2예수께서 이르시되 너희는 기도할 때에 이렇게 하라 아버
지여 이름이 거룩히 여김을 받으시오며 나라이 임하옵시며 3우리에게
날마다 일용할 양식을 주옵시고 4우리가 우리에게 죄 지은 모든 사람을
용서하오니 우리 죄도 사하여 주옵시고 우리를 시험에 들게 하지 마옵
소서 하라 5또 이르시되 너희 중에 누가 벗이 있는데 밤중에 그에게 가
서 말하기를 벗이여 떡 세 덩이를 내게 빌리라 6내 벗이 여행 중에 내
게 왔으나 내가 먹일 것이 없노라 하면 7저가 안에서 대답하여 이르되
나를 괴롭게 하지 말라 문이 이미 닫혔고 아이들이 나와 함께 침소에
누웠으니 일어나 네게 줄 수가 없노라 하겠느냐 8내가 너희에게 말하노
니 비록 벗됨을 인하여서는 일어나 주지 아니할지라도 그 강청함을 인
하여 일어나 그 소용대로 주리라 9내가 또 너희에게 이르노니 구하라
그러면 너희에게 주실 것이요 찾으라 그러면 찾을 것이요 문을 두드리
라 그러면 너희에게 열릴 것이니 10구하는 이마다 받을 것이요 찾는 이
가 찾을 것이요 두드리는 이에게 열릴 것이니라 11너희 중에 아비 된
자 누가 아들이 생선을 달라 하면 생선 대신에 뱀을 주며 12알을 달라
하면 전갈을 주겠느냐 13너희가 악할지라도 좋은 것을 자식에게 줄 줄
알거든 하물며 너희 천부께서 구하는 자에게 성령을 주시지 않겠느냐
하시니라

1. 위의 성경 말씀의 중심 되는 주제나 단어는 무엇입니까?(1절)

2. 제자들은 언제 예수님께 기도를 가르쳐 달라고 했습니까?(1절)

3. 우리는 누구에게 기도해야 합니까? 기도의 대상은 누구입니까?(2절)

4. 예수님께서 가르쳐 주신 기도의 내용을 정리해 보십시오.(2-5절)

5. 예수님은 예화를 통해서 어떤 자세로 기도해야 한다고 가르쳐 주셨습니까?(6-8절)

6. 구하고 찾고 두드리면 하나님은 어떻게 하십니까?(9-12절)

7. 우리가 구해야 할 가장 좋은 것은 무엇입니까?(13절)

★기도의 순서와 형식

기도는 교회의 역사 속에서 일정한 형식을 갖게 되었습니다. 이 형식은 성경적인 근거를 통해서 만들어졌습니다. 그러므로 다음과 같은 방법으로 기도하는 것이 좋습니다.

- 기도의 시작 - 기도의 대상을 분명히 밝혀야 합니다. 그리고 그분께 감사의 내용들을 고백해야 합니다. 우리의 기도의 대상은 누구십니까?

마태복음 6:9
9그러므로 너희는 이렇게 기도하라 하늘에 계신 우리 아버지여 이름이
거룩히 여김을 받으시오며

• 죄의 고백 – 죄는 하나님과의 교제를 단절시킵니다. 그러므로 항상 죄를 회개해야 합니다. 그러면 하나님은 우리를 용서해 주시고 하나님께로 나아가게 하십니다. 하나님은 어떤 기도를 듣지 않으십니까?

시편 66:18
18내가 내 마음에 죄악을 품으면 주께서 듣지 아니하시리라

• 간구 – 하나님께 아뢸 내용들을 기도합니다. 주로 신앙이 어린 사람들은 자신의 문제를 위해서 기도하고, 신앙이 성숙한 사람들은 이웃과 하나님 나라을 위해서 기도합니다. 어떻게 간구해야 합니까?

요한복음 14:13–14
13너희가 내 이름으로 무엇을 구하든지 내가 시행하리니 이는 아버지로
하여금 아들을 인하여 영광을 얻으시게 하려 함이라 14내 이름으로 무
엇이든지 내게 구하면 내가 시행하리라

• 예수님의 이름 – 예수님의 이름은 하나님께로 나아가는 약속 있는 능력입니다. 하나님은 예수님의 이름으로 하는 기도를 응답해 주신다고 하셨습니다. 응답받기 위해서는 어떻게 구해야 합니까?

....

....

고린도후서 1:20

20하나님의 약속은 얼마든지 그리스도 안에서 예가 되니 그런즉 그로 말미암아 우리가 아멘 하여 하나님께 영광을 돌리게 되느니라

♣ 위의 형식에 따라 아래에 기도문을 적어 보세요. 그리고 한 번씩 읽어 보세요.

★기도에 대한 성경의 가르침

성경은 성도들이 기도 생활을 어떻게 해야 할지를 잘 알려 주고 있습니다. 다음의 성경 말씀을 읽고 기도에 대한 내용들을 정리해 보십시오.

1. 누구를 위해 기도해야 합니까?

....

....

에베소서 6:18-19
18모든 기도와 간구로 하되 무시로 성령 안에서 기도하고 이를 위하여
깨어 구하기를 항상 힘쓰며 여러 성도를 위하여 구하고 19또 나를 위하
여 구할 것은 내게 말씀을 주사 나로 입을 벌려 복음의 비밀을 담대히
알리게 하옵소서 할 것이니

2. 무엇을 위해 기도해야 합니까?

....

....

에베소서 6:20
20이 일을 위하여 내가 쇠사슬에 매인 사신이 된 것은 나로 이 일에 당연히 할 말을 담대히 하게 하려 하심이니라

마태복음 9:37
37이에 제자들에게 이르시되 추수할 것은 많되 일꾼은 적으니 그러므로 추수하는 주인에게 청하여 추수할 일꾼들을 보내어 주소서 하라 하시니라

마태복음 6:33
33너희는 먼저 그의 나라와 그의 의를 구하라 그리하면 이 모든 것을 너희에게 더하시리라

3. 어떻게 기도해야 합니까?

....

....

데살로니가전서 5:17
17쉬지 말고 기도하라

에베소서 6:18
18모든 기도와 간구로 하되 무시로 성령 안에서 기도하고 이를 위하여 깨어 구하기를 항상 힘쓰며 여러 성도를 위하여 구하고

마태복음 21:22
22너희가 기도할 때에 무엇이든지 믿고 구하는 것은 다 받으리라 하시니라

4. 예수님은 어떻게 기도하셨습니까?

누가복음 6:12

12이 때에 예수께서 기도하시려 산으로 가사 밤이 맞도록 하나님께 기
도하시고

누가복음 5:16

16예수는 물러가사 한적한 곳에서 기도하시니라

배운 바를 정리하십시오.

• 메시지 •

기도는 하늘의 보고를 여는 통로

조지 뮬러는 기도의 사람으로 유명합니다. 그는 살아 있는 동안 하나님께 5만 번 이상의 기도 응답을 받았습니다. 고아원을 할 때 그는 먹을 것이 전혀 없음을 걱정하지 않고 기도함으로 응답을 받기도 했습니다. 기도에는 놀라운 능력이 있습니다. 우리가 치료하지 못하는 불치병도 기도의 능력으로 낫는가 하면 어떤 일들은 너무나 신비하게 이루어지기도 합니다. 예수님은 믿음으로 구하는 기도는 응답을 받게 된다고 알려 주셨습니다.

앞서 우리는 기도에 대해 여러 가지를 배웠습니다. 그러나 기도는 우리가 하나님께 드리는 것이지 우리의 목적을 위해 하나님을 이용하는 수단처럼 여겨서는 안 됩니다. 그러므로 자기 자신의 문제를 위해서 기도하는 것보다는 이웃과 더 나아가서 하나님의 나라를 위해서 기도해야 합니다.

복음을 전하는 사람들과 복음 전파를 위해서 기도해야 합니다. 성숙한 그리스도인들의 기도의 내용과 관심은 자신에게 있는 것이 아니라 다른 사람과 하나님 나라에 있습니다. 이러한 믿음으로 성장해야 하겠습니다. 하나님께서 우리들에게 기도를 명령하신 것은 그분이 하실 수 없어서가 아니라 기도하는 사람을 통해 일하기를 원하시기 때문입니다. 우리가 능력 있는 기도의 사람이 되기 위해서는 성령 충만함을 받아야 합니다. 성령님께 온전히 의지할 때 우리는 능력 있는 기도의 사람이 될 수 있습니다. 이제부터 예수님께서 보여 주신 기도의 모범을 따라 매일매일 기도하는 생활을 해야겠습니다. 그러면 그 기도를 통해서 살아 계신 하나님을 만나고 체험하는 놀라운 일들을 경험하게 될 것입니다.

• 나눠 봅시다 •

1. 보통 정상적으로 신앙 생활을 하는 그리스도인이라면 어느 정도 기도해야 할까요?

2. 기도하지 않으면 어떻게 될까요?

• 메모 •

7과

영광스러운 예배

하나님은 영이시니
예배하는 자가 신령과 진정으로 예배할지니라(요 4:24)

• 여는 글 •

인간이 할 수 있는 일 가운데 가장 영광스러운 일은 하나님께 예배드릴 수 있다는 것입니다. 죄로 얼룩진 부족한 인생의 모습으로 거룩하신 하나님께 나아가서 예배를 드릴 수 있는 것만큼 더 큰 영광과 은총은 없을 것입니다.

★예배란 무엇입니까?

어원(語原)적으로 예배는 '영이 절하다'라는 뜻입니다. 우리가 존경하고 경외하는 사람을 만나면 몸을 굽혀 절하듯이 우리에게 구원을 베풀어 주신 참 하나님께 우리의 몸뿐만 아니라 우리의 영이 절하는 것을 예배라고 합니다. 하나님께 감사와 찬양과 경배와 영광을 돌려드리는 모든 행동을 예배라고 합니다.

다음 성경 말씀을 읽고 아래에 답을 하십시오.

요한복음 4:19-26

[19]여자가 가로되 주여 내가 보니 선지자로소이다 [20]우리 조상들은 이
산에서 예배하였는데 당신들의 말은 예배할 곳이 예루살렘에 있다 하더
이다 [21]예수께서 가라사대 여자여 내 말을 믿으라 이 산에서도 말고 예
루살렘에서도 말고 너희가 아버지께 예배할 때가 이르리라 [22]너희는 알
지 못하는 것을 예배하고 우리는 아는 것을 예배하노니 이는 구원이 유
대인에게서 남이니라 [23]아버지께 참으로 예배하는 자들은 신령과 진정
으로 예배할 때가 오나니 곧 이때라 아버지께서는 이렇게 자기에게 예
배하는 자들을 찾으시느니라 [24]하나님은 영이시니 예배하는 자가 신령
과 진정으로 예배할지니라 [25]여자가 가로되 메시야 곧 그리스도라 하는
이가 오실 줄을 내가 아노니 그가 오시면 모든 것을 우리에게 고하시리
이다 [26]예수께서 이르시되 네게 말하는 내가 그로라 하시니라

1. 누구와의 대화입니까? 중심 되는 내용이나 단어는 무엇입니까?

2. 예배의 대상은 누구입니까? 예배는 누구에게 드리는 것입니까? (24절)

3. 우리가 예배하는 하나님은 어떤 분이십니까?(24절) 예수님과 성령님도 예배의 대상입니까?(1-3과 참고)

4. 예배에 중요하지 않은 것(21절)과 중요한 것(24절)은 각각 무엇입니까? 장소보다도 더 중요한 것은 무엇입니까?

5. 하나님께서는 어떤 사람을 찾고 계십니까?(23절)

6. 누가 바른 예배에 대해서 알려 주십니까?(25-26절)

7. 위의 내용들을 통해서 예배에 대해 깨달은 내용을 정리하십시오.

♣ 도움말 – 신령과 진정

신령과 진정은 성령과, 진리이신 그리스도를 말합니다. 즉 하나님께 바른 예배를 드리기 위해서 우리는 성령님께 이끌림을 받아야 하며 예수님에 대한 지식이 있어야 합니다. 예수님은 하나님께로 우리를 이끄는 중보자가 되셨기 때문에 예수님을 통해서 우리는 하나님께 바른 예배를 드리게 됩니다. 예수님을 깊이 알고 성령님께 전적으로 의지할 때 우리는 더 바른 예배를 드리게 됩니다. 즉 우리들은 하나님의 도우심으로 하나님께 바른 예배를 드리게 됩니다.

★예배는 어떻게 구성됩니까?

예배의 형식과 틀은 성경에 있는 원리들을 근거로 하여 교회 역사가 진행되는 과정에 점차적으로 정착하게 되었습니다. 그래서 교단마다 순서와 형식을 조금씩 다르게 하고 있지만 보편적으로 '찬양, 기도, 헌금, 말씀 선포'를 반드시 포함하고 있습니다. 우리 교회의 예배 순서는 어떻게 되어 있습니까?

....

....

★어떻게 하면 예배를 잘 드릴 수 있습니까?

• 준비

1. 고린도교회 성도들은 예배에 대해 어떤 자세를 가졌습니까?

....

....

고린도후서 9:5

5이러므로 내가 이 형제들로 먼저 너희에게 가서 너희의 전에 약속한 연보를 미리 준비케 하도록 권면하는 것이 필요한 줄 생각하였노니 이렇게 준비하여야 참 연보답고 억지가 아니니라

2. 내가 예배를 위해서 준비해야 할 것들은 무엇입니까?
(예: 헌금 준비하기, 예배 때 입고 갈 옷 준비하기, 바쁜 일 미리 정리하기 등)

....

....

• **참여**

예배에 참석하는 것에 대해서 성경은 어떻게 말하고 있습니까?

....

....

사도행전 2:46

46날마다 마음을 같이 하여 성전에 모이기를 힘쓰고 집에서 떡을 떼며 기쁨과 순전한 마음으로 음식을 먹고

히브리서 10:25

25모이기를 폐하는 어떤 사람들의 습관과 같이 하지 말고 오직 권하여 그 날이 가까움을 볼수록 더욱 그리하자

★예배드릴 때 주의해야 할 점은 무엇입니까?

• **분주한 마음** - 사무엘상 13장에서 사울 왕은 전쟁에 나가는 것이 급하다는 생각에 사무엘 선지자를 기다리지 않고 혼자 제사를 드렸습니다. 이런 불순종 때문에 사울은 왕위를 빼앗기게 됩니다. 사울 왕이 제사를 혼자 드린 것은 급한 마음 때문이었습니다.

• **인간 중심** - 예배를 하나님 중심이 아닌 반복적인 행사로 여기는 태도입니다.

• **기도 시간에 돌아다니는 것** - 대표기도 시간은 모든 성도가 하나님께 한 마음으로 기도드리는 시간입니다. 사람들이 볼 수 없다고 해서 돌아다니거나 이야기하는 것은 바람직하지 않습니다. 예배는 하나님께 드리는 것입니다.

• **예배를 경시 여김** - 말라기서에는 예배를 경시 여기는 제사장들에 대한 하나님의 경고의 말씀이 나옵니다. 예배를 경시한 제사장들은 어떤 물건을 하나님께 바쳤습니까?

말라기 1:13

13만군의 여호와가 이르노라 너희가 또 말하기를 이 일이 얼마나 번폐
스러운고 하며 코웃음하고 토색한 물건과 저는 것, 병든 것을 가져왔느
니라 너희가 이같이 헌물을 가져오니 내가 그것을 너희 손에서 받겠느
냐 여호와의 말이니라

* 번폐스럽다 - 한 마디로 예배드리는 것이 귀찮다는 의미입니다.

요약

여러분이 지금은 새 가족이지만 나중에 교회의 중요한 직책과 순서를 맡게 되면 예배가 행사를 진행하는 것처럼 여겨져 분주하게 보내게 될 수도 있습니다. 분주함은 예배의 가장 큰 적입니다. 그러므로 순서를 맡았거나 준비할 일이 있더라도 예배 시간에 분주하지 말고 정성껏 하나님께 예배드려야 합니다. 예배는 행사가 아니라 하나님께 드리는 거룩한 예식입니다.

배운 바를 정리하십시오.

★삶으로 드리는 예배

다음 성경 말씀을 읽고 질문에 답하십시오.

로마서12:1-2

1그러므로 형제들아 내가 하나님의 모든 자비하심으로 너희를 권하노니
너희 몸을 하나님이 기뻐하시는 거룩한 산 제사로 드리라 이는 너희의
드릴 영적 예배니라 2너희는 이 세대를 본받지 말고 오직 마음을 새롭
게 함으로 변화를 받아 하나님의 선하시고 기뻐하시고 온전하신 뜻이
무엇인지 분별하도록 하라

* 산 제사-살아 있는 제사, 생활의 바른 모습으로 하나님께 드리는 제사

1. 하나님께 드릴 영적 예배는 어떻게 드리는 것입니까?(1절)

....

....

2. 바른 영적 예배를 드리기 위해 어떻게 해야 합니까?(2절)

....

....

♣ 우리 교회의 예배 시간은 어떻게 됩니까?

예 배	부	시 간	장 소
주일 낮 예배			
주일 저녁 예배			
수요 예배			
새벽 기도회			
금요철야기도회			

• 메시지 •

하나님께 예배드린다는 의미

창세기 18장에는 아브라함이 하나님의 명령을 받고 하나밖에 없는 아들 이삭을 바치러 가는 내용이 나옵니다. 이 때 성경에서 처음으로 '사랑', '경배', '준행'이라는 단어가 쓰입니다. 단어가 처음 사용될 때의 내용을 통해 우리는 그 단어가 의미하는 바가 무엇인지를 알 수 있습니다.

먼저 하나님은 아브라함에게 "네 사랑하는 아들 독자 이삭"이라고 말씀하셨습니다. 여기서 사랑한다는 단어는 '아들을 낳을 수 없는 사람이 백세에 낳은 아들을 바라볼 때 느끼는 감정'을 말한 것입니다. 노년에 얻은 아들을 바라보는 노부의 마음을 사랑이라고 표현했습니다. 아브라함은 종들에게 "내가 아이와 가서 하나님께 경배하고 오겠다"라고 말했습니다. 이 말은 가장 사랑하는 아이를 하나님이 원하시는 장소에서 원하시는 방법으로 드리겠다는 뜻입니다. 더 구체적으로 말하면, 가장 사랑하는 아들을 하나님 앞에서 제사를 드려 죽게 하겠다는 의미이기도 합니다.

하나님은 이런 명령을 온전히 따른 아브라함에게 준행했다고 말씀하셨습니다. 준행이란 말은 아들에 대한 사랑의 감정을 누르고 하나님의 명령을 따르는 것, 즉 하나님께 예배를 드리기 위해 자신의 사랑을 기꺼이 포기하는 것을 말합니다.

위의 내용을 정리해 보면 가장 사랑하는 아들조차도 하나님의 명령을 따라 기꺼이 드리려고 온전히 순종하는 행위가 바로 경배입니다. 이것이 바로 아브라함이 하나님 앞에서 가졌던 예배의 자세였습니다.

하나님은 우리에게 늘 좋은 것으로 주십니다. 그리고 그분의 아들조차도 주셨습니다. 그 사랑을 생각한다면 우리가 어떻게 예배를 드려야 할지를 알게 될 것입니다.

• 나눠 봅시다 •

1. 주위에서 가장 예배를 잘 드리는 사람의 모습과 태도를 발표하고, 무엇을 본받을 수 있을지에 대해서 나눠 봅시다.

2. 예배를 위해서 준비해야 할 것은 무엇입니까?(76페이지 2번 참조)

• 메모 •

▪8과
진리의 터인 교회

만일 내가 지체하면 너로 하나님의 집에서
어떻게 행하여야 할 것을 알게 하려 함이니
이 집은 살아 계신 하나님의 교회요 진리의 기둥과 터이니라
(딤전 3:15)

• 여는 글 •

사람들은 교회에서 신앙 생활을 시작합니다. 예수님을 모르던 사람으로 하여금 예수님을 알게 하고 또 신앙이 자라 온전한 그리스도인으로서 전도와 봉사를 하다가 하나님 나라로 가게 하는 구원의 사명을 담당하는 곳이 바로 교회입니다. 그래서 터툴리안은 "교회는 어머니와 같다"라고 했습니다. 왜냐하면 우리의 신앙은 교회를 통해서 배우고 자라기 때문입니다.

★교회란 무엇입니까?

교회는 하나님을 섬기는 거룩한 백성들의 모임입니다. 즉 외관상 보이는 건물 자체가 교회가 아니라 하나님의 영이 거하시고 하나님을 경배하는 성도들이 모인 모임이 바로 교회입니다.

다음 성경구절을 읽고 물음에 답하십시오.

1) 교회는 하나님께 ___________ 하는 곳입니다.

누가복음 19:46
46저희에게 이르시되 기록된 바 내 집은 기도하는 집이 되리라 하였거
늘 너희는 강도의 굴혈을 만들었도다 하시니라

2) 교회는 하나님께 ____________드리는 곳입니다.

하박국 2:20
20 오직 여호와는 그 성전에 계시니 온 천하는 그 앞에서 잠잠할지니라

요한복음 4:24
24 하나님은 영이시니 예배하는 자가 신령과 진정으로 예배할지니라

3) 교회는 하나님의 말씀을 _________ 는 곳입니다.

사도행전 11:26
26 만나매 안디옥에 데리고 와서 둘이 교회에 일 년간 모여 있어 큰 무
리를 가르쳤고 제자들이 안디옥에서 비로소 그리스도인이라 일컬음을
받게 되었더라

2. 초대교회는 무슨 일을 했습니까? 중요한 4가지 특징을 기록하십시오.

사도행전 2:42
42 저희가 사도의 가르침을 받아 서로 교제하며 떡을 떼며 기도하기를
전혀 힘쓰니라

1) .... 2) ....

3) .... 4) ....

3. 다음은 예수님께서 주신 마지막 사명입니다. 이 명령은 성도들에게 주신 명령인 동시에 교회에 주신 명령입니다. 세 가지 명령은 무엇입니까?

마태복음 28:19-20
19그러므로 너희는 가서 모든 족속으로 제자를 삼아 아버지와 아들과 성령의 이름으로 세례를 주고 20내가 너희에게 분부한 모든 것을 가르쳐 지키게 하라 볼지어다 내가 세상 끝날까지 너희와 항상 함께 있으리라 하시니라

1) ....

2) ....

3) ....

요약

하나님께서 교회에 주신 사명은 크게 다음과 같습니다. 1. 영혼을 구원하는 일(전도) 2. 제자 삼는 일(양육) 3. 예배드리는 일(예배) 4. 구제하는 일(봉사)입니다. 교회는 하나님을 알지 못하는 사람들에게 전도하여 구원을 받게 하고 예수님의 사람으로 자라도록 가르쳐서 그들이 바르게 예배하는 삶을 살며 어린 성도들과 이웃에 봉사하는 바른 그리스도인으로 살아가게 합니다.

배운 바를 정리하십시오.

★그리스도의 몸으로서의 교회

참된 성전은 무엇입니까? 성경에서는 건물로 지어진 성전 외에 또 다른 성전은 무엇이라고 합니까?

1. 참된 성전은 성령이 거하시는 __________ 입니다.

고린도전서 3:16

16너희가 하나님의 성전인 것과 하나님의 성령이 너희 안에 거하시는 것을 알지 못하느뇨

2. 참된 성전은 __________________ 이십니다.

요한복음 2:21

21그러나 예수는 성전된 자기 육체를 가리켜 말씀하신 것이라

요한계시록 21:22

22성 안에 성전을 내가 보지 못하였으니 이는 주 하나님 곧 전능하신 이와 및 어린 양이 그 성전이심이라

요약

진정한 교회는 건물이 아니라 성도 자신입니다. 그리고 예수 그리스도께서 참된 성전이 되십니다. 그래서 바른 교회의 모습은 아름답고 웅장하게 지어진 건물이 아니라 하나님의 말씀대로 살아가는 성도들입니다. 마지막날 이 땅의 불완전한 교회는 없어지고 하늘의 완전한 성전에서 거하게 되는데 그 성전은 바로 예수 그리스도이십니다. 예수님을 모시고 사는 사람, 예수님이 거한 모임이 바로 교회입니다.

배운 바를 정리하십시오.

교회에 대해서 더 잘 이해하기 위해서 다음의 성경구절을 읽고 답을 하십시오.

1. 그리스도는 교회의 무엇입니까? 성도는 교회의 무엇입니까?

....

....

에베소서 5:23

23이는 남편이 아내의 머리 됨이 그리스도께서 교회의 머리 됨과 같음이니 그가 친히 몸의 구주시니라

2. 교회는 어떻게 만들어지게 되었습니까? 하나님은 어떤 방법으로 교회를 이루셨습니까?

....

....

사도행전 20:28

28너희는 자기를 위하여 또는 온 양 떼를 위하여 삼가라 성령이 저들 가운데 너희로 감독자를 삼고 하나님이 자기 피로 사신 교회를 치게 하셨느니라

3. 그리스도의 몸인 성도들이 교회에 주신 사명을 잘 감당하기 위해 하나님께서는 우리에게 은사를 주셨습니다. 그 은사를 주신 3가지 목적은 무엇입니까?

에베소서 4:12

12이는 성도를 온전케 하며 봉사의 일을 하게 하며 그리스도의 몸을 세우려 하심이라

1).......... 2).......... 3)..........

* 은사 – 교회를 세워가고 성도들을 도와 봉사하게 하는 하나님의 선물로, 교회를 위해 각 개인들에게 주신 것입니다.

4. 우리들은 하나님께서 주신 재능과 은사와 시간을 어떻게 사용해야 합니까?

요약
교회는 그리스도를 머리로 한 살아 있는 유기체입니다. 그리고 하나님께서는 각 성도들에게 은사를 선물로 주셨습니다. 그래서 한 영혼이 온전한 그리스도인으로 자랄 때까지 우리들이 가진 은사를 가지고 섬겨야 합니다. 그리고 다른 몸의 지체인 성도들이 아파하거나 어려워할 때 돌아보아야 하며 함께 하나님 나라를 이뤄가야 합니다.

배운 바를 정리하십시오.

★영적 지도자

하나님께서는 교회에 영적 지도자들을 허락하셨습니다. 그들에 대해서 배우도록 하겠습니다. 다음 성경 구절을 읽고 물음에 답하십시오.

에베소서 4:12-13
12이는 성도를 온전케 하며 봉사의 일을 하게 하며 그리스도의 몸을 세
우려 하심이라 13우리가 다 하나님의 아들을 믿는 것과 아는 일에 하나
가 되어 온전한 사람을 이루어 그리스도의 장성한 분량이 충만한 데까
지 이르리니

1. 하나님이 교회 지도자에게 주신 사명은 무엇입니까?(12절)

2. 영적 지도자들의 봉사는 그리스도인을 어떻게 자라게 해야 합니까?(13절)

3. 교회 지도자들은 어떤 자세를 가져야 합니까?

베드로전서 5:3
3맡기운 자들에게 주장하는 자세를 하지 말고 오직 양 무리의 본이 되라

4. 교회 지도자에 대한 성도들의 사명은 무엇입니까?

데살로니가전서 5:12-13
12형제들아 우리가 너희에게 구하노니 너희 가운데서 수고하고 주 안에
서 너희를 다스리며 권하는 자들을 너희가 알고 13저의 역사로 말미암
아 사랑 안에서 가장 귀히 여기며 너희끼리 화목하라

♣이제 우리 교회에 대해서 배우도록 하겠습니다. 우리 교회는 어떤 교회입니까?(언제 설립되었습니까? 어떤 선교와 전도의 일을 하고 있습니까? 어떻게 사회를 돕고 있습니까?)

구 분	내 용
설립 연도	
선교	
구제	

♣담임목사님의 목회 철학은 무엇입니까?

목회 철학은 담임목사님이 교회를 이끌어나가는 방향성을 의미합니다. 우리교회가 어떤 방향성을 가지고 이 땅에서 하나님 나라의 확장을 담당하는지를 알아야 그 사역에 열심히 참여할 수 있습니다.

목회 철학

• 메시지 •

교회는 영혼을 구원하는 배

본회퍼는 교회가 세상을 향해서 일할 때 비로소 그 의미를 찾을 수 있다고 말했습니다. 하나님께서는 이 땅의 교회들을 통해서 믿지 않는 죽어 가는 영혼을 구원하도록 하셨습니다. 그리고 세상을 부패와 부도덕으로부터 깨끗케 하도록 하셨습니다. 교회는 복음의 힘과 빛과 소금의 모습을 통해서 세상의 빛이 되어야 하며 희망과 소망이 되어야 합니다.

교회의 존재 목적은 사회와 믿지 않는 영혼들을 위함입니다. 우리들이 예수님을 몰라 죄 중에서 죽어 가다가 교회를 통해서 예수님을 영접하고 새 사람이 된 후 하나님께 예배하게 된 것처럼 다른 믿지 않는 자들을 위해 교회는 그 일을 담당해야 합니다. 만일 교회가 선교와 구제에 대해서 등한시하고 교회 성도들의 복지와 행복에만 관심을 갖는다면 그것은 진정한 교회가 아닙니다.

그리고 교회는 건물이 아니라 사람이며 귀한 영혼입니다. 즉 교회에 주신 사명은 성도들로서 살아가는 우리들에게 주신 동일한 사명입니다. 그러므로 우리들은 하나님께서 주신 능력과 명령을 따라 하나님께 영광을 돌리고 성도들을 온전케 하며 봉사하는 일을 해야 합니다. 그리고 교회를 통한 전도의 일에 열심히 참여하여 하나님 나라가 점점 확장되어 가도록 해야 합니다. 하나님께서 이 땅에서 천국을 경험할 수 있도록 주신 두 기관이 있는데 하나는 가정이며 다른 하나는 교회입니다. 교회가 바른 모습으로 서 있을 때 우리는 그 속에서 하나님 나라의 참 모습을 보게 됩니다.

• 나눠 봅시다 •

1. 가장 아름다운 교회는 어떤 모습일까요?

2. 믿지 않는 사람들에게 말할 우리 교회의 자랑거리는 무엇입니까?

• 신앙 간증문 적기 •

간증은 예수님을 믿고 난 후 변화된 생활을 이야기하는 것입니다. 예수님을 알기 전, 그 후, 앞으로의 각오 등을 적어 보십시오. 그리고 사람들 앞에서 발표하고 전도할 때에도 활용하십시오.

예수 믿기 전
공부를 하면서
앞으로의 각오

인도자 지침서

1. 본 교재의 분량은 다소 많지만 그 주제가 명확하기 때문에 내용을 설명하는 데는 그리 많은 시간이 소요되지 않습니다. 그러므로 한 문제 한 문제에 너무 집중하지 말고 전체를 주어진 시간에 마칠 수 있도록 배정하십시오. 한 문제에 너무 많은 시간을 허비하여 진도를 다 나가지 못하는 일이 없도록 해야 합니다.

2. 본 교재는 일정한 방법론을 취하기보다는 다양한 방법들을 그대로 활용하고 있습니다. 그러나 점차적으로 스스로 말씀을 연구할 수 있는 귀납적 방법으로 유도하고 있으므로 강의는 절대적인 예습을 원칙으로 해야 합니다.

3. 질문들을 나눌 때는 새 가족들이 스스로 생각하고 답할 수 있는 시간적인 여유를 주는 것이 좋습니다.

4. 1-3과까지는 하나님에 대한 내용으로, 잘못된 생각을 바로잡아 바른 생각을 갖게 해 주는 것이 중요합니다.

5. 공부가 끝나면 수료하기 전에 간증문을 기록하여 낭독하도록 합니다. 그리고 잘된 사람은 전체 앞에서 간증할 수 있는 기회도 마련해 줍니다. 이렇게 할 때 새 가족은 복음에 대해서 담대함을 갖게 됩니다.

1과 나를 창조하신 하나님

도입부에서는 하나님에 대한 개인적인 생각이나 선입견에 대해 먼저 질문하는 것도 좋습니다. 본과의 목표는 하나님에 대한 바른 지식을 갖게 해 주는데 있습니다. 삼위일체에 대한 설명이 초신자들에게 어렵다고 피하는 경우가 많은데 분명하게 선포하여 논리적으로 이해시키기보다는 선포적으로 이해하게 하십시오. 말씀 연구가 깊어지면 스스로 깨닫게 되겠지만 지금 상황에서 많은 설명을 한다고 해서 잘 이해할 수 있는 것이 아닙니다.

2과 나를 구원하신 예수님

본과에서는 예수님이 어떤 분이신가와 내가 그분을 믿을 때 어떻게 되는가에 대한 내용입니다. 왜 예수님만이 유일한 구원의 길이 되시는지에 대한 내용을 자세히 설명해 주어야 합니다.

3과 내 속에 계시는 성령님

성령님에 대한 내용은 새 가족 과정에서 거의 빠져 있는 경우가 많습니다. 아마도 설명하기가 까다롭기 때문인 것 같지만 분명히 가르치는 것이 중요합니다. 성령님이 우리가 구원받은 이후에 우리의 생활을 어떻게 이끌어가시는가에 주안점을 두는 것이 좋습니다. 이미 새 가족반에 들어온 사람들은 예수님을 영접했거나 그럴 용의가 있는 사람들이기 때문에 성령님에 대한 바른 지식을 갖게 해 주는 것이 중요합니다.

4과 삶으로 말하는 그리스도인

그리스도인이란 어떤 사람인가에 대한 정체성에 관한 질문입니다. 여기에서는 오늘날 구원의 문제에서 영접에만 초점을 두어 그리스도인의 생활면이 검증되지 않는 경우가 많습니다. 그러므로 오늘 공부에서는 예수님을 영접한 사람의 그 이후 생활이 어떤가에 대해서 주안점을 두어야 합니다. 그리고 영접하지 못한 사람을 위해서 다시 한 번 영접 기도를 함께 할 수 있는 시간도 마련하십시오.

5과 하나님의 말씀인 성경

성경에서는 성경이 무엇인가와 성경을 찾는 법에 대해서 가르쳐야 합니다. 그리고 스스로 성경을 읽고 묵상할 수 있는 방법까지 설명해 주어야 합니다. 묵상 인도는 복잡하게 설명하면 거부감을 느낄 수 있으므로 새 가족이 할 수 있는 범위에서 간단한 것부터 시도하는 것이 중요합니다. 즉 말씀을 깊이 있게 연구하지 못하더라도 매일 읽고 기도할 수 있도록 해야 합니다.

6과 하나님께 드리는 기도

기도에서 제일 중요한 것은 바른 대상입니다. 하나님이 누구신지에 대해서, 그분 앞에 기도하는 것이 어떤 것인지에 대해서 설명해야 하며, 특히 날마다 죄에 대한 회개의 기도와 하나님 나라에 관한 기도에 중심을 두어야 합니다. 처음부터 그들이 완벽하게 하지 못하더라도 점차 어떤 기도를 드려야 하는 지에 대한 방향성을 알게 됩니다. 이 과부터 귀납적으로 말씀을 분석하는 방법을 하게 됩니다.

7과 영광스러운 예배

예배에 대한 전체적인 내용과 더불어 예배에서 해야 할 행동 지침을 잘 설명해 주십시오. 특히 잘못된 모습을 보여 주는 선배 성도들이 많은 경우 바른 모델을 지시해 주고 새 가족 때부터 바르게 행할 수 있도록 가르쳐야 합니다.

8과 진리의 터인 교회

교회의 사명과 우리 교회를 소개하는 시간입니다. 특히 이 과에서는 우리 교회가 어떤 교회인지와 목사님의 목회 철학을 통해서 성도들이 교회의 구성원으로 더 깊이 정착하도록 합니다.

✚ 새가족을 위한 용어 사전 ✚

계시 – 사람들이 알지 못하는 것을 하나님께서 가르쳐서 알게 하는 것이다. 처음 사람이 하나님을 알게 된 것도 하나님께서 자신을 계시하셨기 때문이다.

고난 – '괴로움과 어려움', 하나님 나라와 복음을 위해 성도들이 겪는 어려움을 말한다.

교단 – 같은 신앙을 고백하는 성도들이 모여서 만든 단체다. 한국 교회에 여러 교단이 있는 것은 각기 다른 교단의 선교사들에 의해 복음이 전파되었기 때문이다.

교독문 – 교독은 서로 번갈아 가면서 읽는다는 뜻이며 교독문은 번갈아 가면서 읽는 성경 말씀이다. 교독문을 읽으면서 성도들은 자신의 마음을 돌아보게 된다.

교리 – 성경의 내용들과 중요한 가르침들을 모아 성도들이 공부하도록 만든 것이다. 교리는 성경의 내용들이 오랜 교회의 역사를 통해서 이루어진 것이다.

교역자 – 교회에서 설교, 심방, 행정, 교육부서를 맡아서 일하는 목회자(목사, 전도사)들을 통틀어 교역자라고 한다.

구속 – 죄의 값을 치르고 다시 사는 것을 말한다. 예수님이 우리를 구속하셨다는 말은 우리의 죗값을 치르시고 우리를 하나님의 자녀로 삼아 주셨다는 뜻이다.

구원 – 인류의 죄악으로부터 건져내어 천국으로 가게 하는 것이다. 구원은 예수님으로부터 온다.

독생자 – 하나님의 아들 예수님에 대한 표현으로 '하나밖에 없는 아들', '특별한 출생을 한 아들'이란 의미로, 사람들과는 전혀 다른 예수 그리스도의 출생과 하나님과의 관계에 대한 표현이다.

메시야 – 헬라어의 '그리스도'와 같은 말이다. '세상을 구원하실 자'라는 말이다.

목사 – 안수를 받아 하나님의 말씀을 전하고 성례를 행하며 성도를 돌보는 일을 한다.

묵도 – 눈을 감고 경건한 마음으로 기도한다. 예배를 드리기 위해 분주한 마음을 정리하면서 예배로 나아간다.

묵상 – 하나님의 말씀을 읽고 듣고 외운 다음 그것을 마음속 깊이 생각하여 삶 속에 실천하는 과정이다.

보혈 – '보배로운 피'라는 뜻으로, 그리스도께서 우리를 위해 십자가에서 흘리신 구속의 피를 말한다.

보혜사 – '도우시는 이'라는 뜻으로, 하나님을 바로 알고 말씀을 깊이 이해하도록 하여 그리스도인의 삶을 살도록 돕는다는 표현이다. 성경에서는 성령님과 예수님에 대해서 이 표현을 사용했다.

사탄 – 마귀, 귀신 등 악한 영들의 대표로 처음 하나님을 보좌하던 천사였으나 교만하여 타락했다. 사탄은 타락한 천사이며 성도들을 시험하고 속여서 구원받지 못하게 한다. 이 사탄은 마지막 심판 날에 영원한 지옥 불못에 가둬지게 된다.

샬롬 – 하나님의 평화를 바라는 인사말이다.

성례 – '거룩한 예식'이란 뜻으로 성찬과 세례가 있다. 성찬은 예수님의 죽음을 기념하는 행사로 떡과 포도주를 나누는 것을 관장하며, 세례는 교회에서 처음 예수님을 믿고자 결심한 사람에게 그리스도의 한 몸이 된 것을 나타내는 예식이다.

성육신 – 거룩하시고 영원하신 하나님이 사람이 되어 이 땅에 오셨다는 말로 예수님께서 이 땅에 사람으로 오신 것을 말한다.

성화 – 거룩하게 되어 간다는 말로 예수님을 닮아 가는 과정을 말하며, 그리스도인이 이 땅에서 살아가는 과정을 의미한다.

세례(침례) – 세례는 물에 몸이 잠겼다가 다시 나오는 예식으로 각 교단마다 그 방법을 조금씩 다르게 하고 있지만 같은 뜻을 내포하고 있다. 세례는 이제 완전한 그리스도의 사람이 되었다는 것을 상징하는 예식으로 몸이 물에 잠길 때 세상과 죄에 대해서 죽었다는 것을 뜻한다. 즉 "나는 예수님의 죽으심 때문에 세상과 죄에 대해서 죽었습니다. 그리고 다시 올라올 때는 그리스도와 함께 다시 살아났습니다. 즉 나는 영원히 그리스도와 함께 살겠습니다"라는 고백의 의미이다. 그래서 세례는 그리스도와 연합하게 한다. 세례는 의식도 중요하지만 먼저 그 마음에 진심으로 그리스도의 사람이 되고자 하는 신앙 고백과 믿음이 선행되어야 한다.

송영 – 시를 외워서 읊는다는 의미로 예배를 돕는 성가대의 찬양이나 음악

반주를 의미한다.

심판 – 죽은 후 하나님 앞에서 그 행위에 대한 심판을 받게 된다. 죽음이 반드시 있는 것이라면 심판도 반드시 있는 것이다. 이 심판을 통해서 하나님을 섬기고 살았던 사람들에게는 위로의 천국을, 악하게 하나님을 떠나 살았던 사람들에게는 지옥을 주신다.

십자가 – 죄인들을 죽이는 형틀의 하나로, 예수님께서 십자가의 형틀에서 운명하셨다. 그 죽음으로 인해서 구속, 죄 사함이 이루어졌기 때문에 십자가를 말할 때는 단순한 형틀보다는 예수님의 죽으신 사건 전체를 의미하는 경우가 많다.

아멘 – 아멘은 '위의 내용에 동의합니다' 혹은 '그 내용이 이루어지기를 바랍니다'라는 뜻으로, 기도를 마칠 때나 깊은 공감을 나타낼 때 사용한다.

여호와 – '영원하신 하나님'이란 뜻이다. 인간처럼 출생과 죽음이 있는 것이 아니라 시간을 넘어선 '스스로 계신 자', '영원히 변치 않으시는 분'이란 하나님의 이름 중 하나이다.

영생 – 영생은 영원한 생명을 소유하는 것을 말한다. 이 영원한 생명은 예수님을 통해서 얻게 되며 하나님과 예수님을 바로 아는 것이 영생이다.

영화 – 예수님과 같이 영화롭게 된다는 말로 예수님의 재림이 있을 때 그리스도인들이 그렇게 된다.

율법 – 하나님께서 사람들이 하나님을 경외하며 사람을 사랑하는 데 필요한 규칙과 원칙 같은 것을 만들어 주셨다. 이 율법의 완성은 사랑이다.

은사 – 은사는 하나님께서 성도들에게 주신 선물이다. 이 선물로 성도들은 하나님께 영광을 돌리고 봉사를 하며 성도들을 온전케 하는 일을 하게 된다.

이단 – '다른 무리'라는 뜻으로 하나님과 성경에 대해서 다르게 가르치는 무리들을 말한다. 일반적으로 삼위일체의 하나님과 예수님의 동정녀 탄생을 부정하는 이단들이 많다.

임마누엘 – '하나님이 우리와 함께 계신다'라는 뜻이다.

장로 – '경건의 모범이 되는 자'라는 뜻으로 심방과 기도로 성도들의 신앙을 돌보는 직분이다.

재림 – 예수님께서 이 땅에 다시 오시는 날을 의미한다. 재림이 있을 때 하나님을 믿는 사람은 영원한 하나님 나라로, 악한 사람들은 영원한 지옥으로 가게 된다.

죄 – 죄는 '과녁에서 빗나가다' 혹은 '목표에 이르지 못하다'라는 뜻으로 하나님의 영광까지 이르지 못한 상태(롬 3:23)를 말한다. 즉 하나님의 명령을 어긴 것과 순종이 부족한 부분이다. 죄를 정하는 기준은 하나님의 관점이며 하나님의 말씀을 불순종하는 것이다.

중보자 – '가운데서 보증을 해 주는 사람'이란 뜻으로 거룩하신 하나님과 죄 많은 인간 사이에서 자신의 죽음으로 평화의 길을 여신 예수님을 말한다.

중생 – '거듭남', '새로남', '다시 태어남'이란 뜻으로 예수님 안에서 새롭게 변화받은 삶이다.

지옥 – 하나님께 순종하지 않고 악하게 산 사람들이 머무르는 곳으로, 영원한 형벌과 고통이 있다.

천국 – 하나님과 함께 거하는 곳이다. 이 땅에서의 천국은 예수님을 모신 곳, 즉 복음이 전파된 곳을 말하며 완전한 천국은 모든 것이 끝난 후 영원히 하나님과 함께 거하는 곳이다.

축도 목사님이 성부, 성자, 성령 하나님의 이름으로 성도들에게 축복을 베푸는 기도다.

칭의 – 의롭다고 칭해 주었다는 의미다. 예수 이름을 믿는 사람의 현 상태는 여전히 죄인이지만 하나님께서 예수님 때문에 의롭다고 해 주셔서 신분은 의인이 된다. 이것은 구원의 시작이다.

할렐루야 – '여호와를 찬양하라'는 히브리 말이다.

호산나 – '우리를 구원하소서'라는 뜻으로 예수님이 죽으시기 위해 예루살렘 성으로 입성하실 때 백성이 승리를 상징하는 종려나무 가지를 들고 환영할 때 불렀다.

회개 – '자신의 잘못을 돌이키다'라는 뜻으로 죄를 짓던 생활에서 하나님께로 돌아오는 행동을 말한다. 회개는 가장 먼저 생각이 세상적인 생각에서 하나님의 생각으로 바뀌게 되는 것이다.

회중 – '무리들'이란 뜻으로, 주보에서 회중이란 뜻은 사회자와 반대가 되는 성도들을 뜻한다.

〈 프리셉트 어린이 신앙전기 도서 〉

프리셉트 어린이 신앙전기 ❶

파란 눈의 중국인 선교사 **허드슨 테일러**

중국인들의 친구가 된 허드슨 선교사의 이야기. 그는 어려움에 닥칠 때마다 하나님을 의지하며 기도의 힘으로 이겨 냈다.

값 8,000원

프리셉트 어린이 신앙전기 ❷

고아들의 영웅 **조지 뮬러**

고아들을 돌보며 영혼을 구원하는 일에 전념했던 조지 목사. 그가 행한 섬김의 삶이 얼마나 복된 것인지 볼 수 있다.

값 8,000원

프리셉트 어린이 신앙전기 ❸

고통 속에서 희망을 노래하는 **코리 텐 붐**

나치가 지배하던 세상은 증오심으로 미쳐가고 있었다. 그 속에서 코리는 말씀을 통해 희망을 노래할 수 있었다.

값 7,500원

프리셉트 어린이 신앙전기 ❹

달리기 챔피언 선교사 **에릭 리들**

에릭은 주일에 달릴 수 없다는 이유로 경기를 포기했다. 대신 그는 하나님의 인도하심으로 크나큰 영광을 받게 된다.

값 8,000원

프리셉트 어린이 신앙전기 ❺

꿈과 열정의 전도자 **빌 브라이트**

평생 뜨거운 전도의 열정을 품고 세계를 누빈 빌 브라이트. 그의 삶은 실천하는 참된 신앙인이란 무엇인지 보여 준다.

값 10,000원

프리셉트 어린이 신앙전기 ❻

살아 있는 순교자 **리처드 범브란트**

리처드는 핍박을 당하는 상황에서도 모든 사람을 하나님의 사랑으로 용서했다. 또한 믿음을 지키며 그들을 위해 기도했다.

값 8,000원

프리셉트 어린이 신앙전기 ❼

종교 개혁의 횃불을 든 **마틴 루터**

루터의 용기 있는 신앙이 타락한 교회를 주님만을 바라보는 교회로 변화시켰고, 성경이 말하는 진리를 깨닫게 했다.

값 8,000원

프리셉트 T. 02-588-2218 | www.precept.or.kr

프리셉트 어린이 신앙전기 ❽

열정의 복음 전도자 **디엘 무디**

하나님은 열정으로 가득한 무디를 통해 사람들에게 말씀을 전하셨으며, 오랫동안 방황하던 영혼들을 새롭게 변화시키셨다. 값 10,000원

프리셉트 어린이 신앙전기 ❾

버마를 구한 하나님의 사람 **아도니람 저드슨**

최초의 미국인 선교사 아도니람 저드슨. 하나님은 그의 재능을 사용하셔서 많은 버마인을 주님의 품으로 인도하셨다. 값 8,000원

프리셉트 어린이 신앙전기 ❿

어둠을 밝힌 위대한 종교 개혁가 **존 칼빈**

종교 개혁의 기틀을 마련한 신학자 존 칼빈. 그는 세상을 향해 빛을 비추는 진정한 믿음의 삶이란 무엇인지 알게 해준다. 값 10,000원

프리셉트 어린이 신앙전기 ⓫

천로역정을 저술한 믿음의 순례자 **존 번연**

회심 후 강한 믿음을 가진 존 번연은 평생 설교에 매진했으며, 그가 집필한 『천로역정』은 지금까지 사랑을 받고 있다. 값 9,800원

프리셉트 어린이 신앙전기 ⓬

나치에 저항한 행동하는 양심 **디트리히 본회퍼**

주님은 본회퍼에게 믿음을 위해 저항할 용기를 주셨다. 그는 하나님께서 주시는 힘으로 나치 정권에 끝까지 맞섰다. 값 9,000원

프리셉트 어린이 신앙전기 ⓭

부흥의 불꽃을 일으킨 천재 신학자 **조나단 에드워즈**

조나단은 모든 순간 하나님의 영광을 선포하고자 했다. 그는 결국 주님의 도우심으로 실천하는 신앙인이 될 수 있었다. 값 9,800원

프리셉트 어린이 신앙전기 ⓮

위대한 복음의 밀수꾼 **브라더 앤드류**

철의 장막을 뚫고 성경책을 몰래 배달한다는 사역은 쉽지 않았다. 그러나 복음을 전하기 위해서는 포기할 수 없는 일이었다. 값 9,800원

프리셉트 어린이 신앙전기 ⓯

노예상인 출신 복음 전도자 **존 뉴튼**

노예무역선 선장이었던 존 뉴튼은 하나님의 은혜를 깨닫고 자기 모습을 반성했다. 이후 그는 목회자가 되어 노예제 폐지에 힘썼다. 값 10,000원

프리셉트 T. 02-588-2218 | www.precept.or.kr

기신자를 위한

새가족 성경공부

지은이 | 프리셉트성경연구원 편

초판 1쇄 | 2000년 4월 28일
개정 1판 1쇄 | 2007년 3월 15일
개정 2판 1쇄 | 2012년 2월 24일
개정 3판 1쇄 | 2014년 10월 30일
개정 3판 3쇄 | 2024년 10월 4일

발행인 | 김경섭
국제총무 | 최복순
총무이사 | 김현욱
편집부 | 고유영(편집실장), 김성경, 박은실
인쇄 | 영진문원

발행처 | 묵상하는사람들
등록번호 | 108-82-61175
일부총판 | 생명의말씀사 Tel. (02) 3159-7979 Fax. 080-022-8585

주소 | 서울특별시 서초구 청룡마을길 8-1(신원동) (우) 06802
전화 | (02) 588-2218 팩스 | (02) 588-2268
홈페이지 | www.precept.or.kr
국민은행 431401-04-058116(프리셉트선교회)

값 5,000원
ISBN 978-89-8475-635-9 04230
978-89-8475-439-3 04230(세트)

독자 여러분의 의견을 기다립니다.
(02) 588-2218 / pmbook77@naver.com